삶이 흔들릴 때
비로소 보이는 것들

삶이 흔들릴 때
비로소 보이는 것들

장대은 지음

프롤로그

보이지 않는 계단을 오르는 당신에게

우리는 삶에서 가장 의미 있는 순간들이 화려한 무대 위에서 펼쳐질 것이라 기대합니다. 승진 소식을 들을 때, 중요한 상을 받을 때 또는 오랫동안 꿈꿔온 목표를 달성할 때처럼 말이죠. 하지만 인생의 진정한 변화는 대개 아무도 보지 않는 순간에 일어납니다. 새벽에 일어나 조용히 책을 읽는 시간, 모두가 포기하는 프로젝트에 끈기 있게 매달리는 날들 그리고 아무도 박수 치지 않는 작은 선택의 연속에서 비롯합니다.

우리에게 지금은 특별합니다. 젊음의 무모한 열정은 조금씩 가라앉아도 지혜는 시간이 지날수록 더욱 깊어집니다. 경험을 통해 자신을 어느 정도 이해하고, 새로운 도전을 시작하

기에 시간이 충분하다는 것을 느끼는 시기이기도 합니다. 동시에 특별한 종류의 질문들이 우리를 찾아옵니다.

"지금까지의 내 선택은 의미가 있었을까?"
"아직 변화할 수 있을까?"
"이대로 괜찮은 걸까?"

이 책은 그런 의문과 질문들을 품고 살아가는 사람들을 위한 안내서입니다. 눈에 보이지 않는 내적 여정의 지도이자, 변화와 성장의 미묘한 순간들을 포착한 기록입니다. 여기서 당신은 자신의 이야기를 발견하게 될 것입니다. 균형을 찾으려 애쓰는 순간들, 선택의 기로에 서 있는 자신의 모습, 익숙한 패턴과 씨름하는 내면의 목소리를 만날 것입니다.

이 책의 핵심은 단순합니다. 진정한 변화는 보이지 않는 곳에서 시작되며, 성장은 직선이 아닌 나선형을 그린다는 것입니다. 때로는 같은 장소를 맴도는 것 같은 느낌이 들더라도, 당신은 이전과 같은 사람이 아닙니다. 매 순간마다 조금씩 더 높은 관점, 더 깊은 이해를 가지고 같은 문제를 바라보게 됩니다.

아무도 박수 치지 않는 순간들이 당신을 만들어갑니다. 오

늘 읽는 한 페이지, 시작하기로 한 작은 습관, 용기 있게 내린 결정. 이런 보이지 않는 계단을 한 걸음씩 오르다 보면, 어느 순간 뒤돌아봤을 때 놀라운 고도에 도달해 있는 자신을 발견할 것입니다. 이제 새로운 마음으로 여정을 시작합시다. 당신만의 보이지 않는 계단을 오르는 이 여정에 이 책이 작은 등불이 되기를 바랍니다.

장대은

❋ 차례 ❋

프롤로그

보이지 않는 계단을 오르는 당신에게 •004

1장

인생의 페이지를 배움으로 채운다는 것

보이지 않아도 배움은 내 안에 쌓이고 있다	•017
변화는 결심하는 순간이 아닌 지속하는 과정에서 온다	•020
고독은 성장의 필연적인 동반자	•023
익숙한 자신과 작별하는 용기	•026
편안함이 성장의 가장 큰 적이 될 때가 있다	•029
더 나은 나를 찾아가는 여정에 있는 당신에게	•032
알면 알수록 모르는 것이 많아지는 배움의 길	•035
더 많이, 더 깊이 배우고 성장하는 삶	•038
넘어진 그 자리가 다시 일어설 출발점이다	•042
아직 모른다는 고백이 성장의 가능성을 연다	•045

2장
흔들리더라도 다시 중심을 잡는다는 것

밤중에 찾아오는 자기 의심의 목소리	•051
나에게 하는 말이 하루의 색을 바꾼다	•054
때로는 질문 속에 머무르며 삶에 깊이를 더한다	•058
삶의 의미는 매 순간 만들어가는 여정 그 자체에 있다	•062
진정한 동기를 무기로 목표를 향해 나아가라	•065
남의 기대가 아닌 나의 진심으로 살아간다	•069
우리가 경험하는 모든 것에 어려 있는 가치의 빛	•073
일상에서 기쁨을 발견하는 열쇠	•077

3장
'그럼에도 불구하고' 계속하는 것

열정이 사그라든 후에도 계속하는 힘	•085
반복의 지루함 속에서 얻을 수 있는 것들	•088
달릴 때와 멈출 때를 아는 지혜	•092
성장의 정체기 '중간의 고원'에 이른 당신에게	•096
성공의 지도를 완성하는 실패의 퍼즐 조각들	•100
가장 의미 있는 성장은 아무도 알아주지 않는 시간에 온다	•103
우리를 만드는 습관의 역설	•107
도파민 루프에서 헤어 나오는 법	•111

4장

나만의 방식으로 유연하게 나아가는 것

균형이라는 과제, 선택이라는 줄타기	• 119
선택의 순간에 나침반이 되어줄 지표들	• 122
무언가를 포기해야 하는 순간도 온다	• 126
'어떻게 시간을 쓸 것인가' 인생의 난제를 대하는 마음가짐	• 130
자책과 성찰의 차이점을 아는 것이 삶의 태도를 바꾼다	• 134
몸 또한 마음처럼 자주 살피고 돌봐야 한다	• 138

5장

타인과의 공명으로
세계를 넓혀가는 것

타인의 성공에서 성찰과 동기 부여를 얻는다	•145
비교가 덫이 되는 이유	•149
열린 마음으로 피드백을 받아들이자	•153
완벽주의라는 함정에 빠지지 않는 법	•157
멘토와의 만남을 통해 자신만의 길로 나아간다	•161
타인과의 공명은 더 넓은 세계를 열어준다	•164

6장

마음의 저항을 이겨내고 이루는 삶을 사는 것

순리를 받아들이고 토양을 가꾸는 농부의 지혜를 배운다	•171
과정을 사랑하는 법을 배우는 것	•175
불확실한 미래를 대하는 유연성을 기른다	•179
직관을 믿고 논리로 점검한다	•183
익숙한 패턴에서 벗어날 때 새로운 가능성이 보인다	•187
배울수록 더 높아지는 기준과의 동행	•191
작은 변화들이 만드는 깨달음의 순간	•195
마음의 저항을 이겨내야 성장을 이룬다	•198
매일의 작은 승리가 인생의 변화를 만든다	•202
때로는 자신에게 실망할 수 있다	•205
우리를 만드는 장소와 사람들	•208
언제나 가장 중요한 가치를 잃지 말아야 한다	•211

에필로그

오늘, 당신의 계단을 쌓기 시작하는 날 •216

1장

인생의 페이지를
배움으로 채운다는 것

보이지 않아도 배움은
내 안에 쌓이고 있다

"소득 없는 나날,
독서를 한다는 것, 글을 쓴다는 것, 배운다는 것,
자기 계발을 위해 힘쓴다는 건 그런 느낌이죠."

우리는 때로 책을 펼치거나 새로운 기술을 익히면서 즉각적인 변화를 상상합니다. 오늘 읽은 페이지가 내일의 나를 확연히 다르게 만들 것이라 기대하죠. 하지만 현실은 다릅니다. 배움의 과정은 마치 고요한 물에 떨어지는 작은 물방울과 같습니다. 당장은 아무것도 변하지 않는 것 같지만 천 개의 물방울이 모여 결국 그릇을 채우게 됩니다.

배움이란 눈에 보이지 않는 투자입니다. 오늘의 독서 1시간이, 어제 공부한 새로운 단어가, 지난주에 끝낸 온라인 강의가 당장의 삶을 바꾸지는 않습니다. 우리는 여전히 같은 옷을 입고, 같은 침대에서 일어나, 같은 출근길을 걷습니다.

그러나 언젠가 문득, 이전에는 볼 수 없었던 것들이 보이기 시작합니다. 책에서 읽었던 개념이 실생활의 문제를 해결하는 열쇠가 되고, 수없이 반복하며 연습한 것들이 어느새 실력이 되어 있습니다. 이것이 배움의 마법입니다. 천천히, 조용히, 그러나 확실하게 우리를 변화시키는 신비지요.

수사관이 사건의 단서를 모으듯 우리는 지식의 조각들을 하나씩 모읍니다. 오늘은 아무런 실마리도 발견하지 못한 것 같지만 내일 또 다른 정보가 이전의 것들과 연결되어 새로운 통찰을 만들어낼지 모릅니다.

배움은 인내의 과정입니다. 당장의 성과가 보이지 않더라도, 그 시간이 결코 헛되지 않다는 것을 믿는 인내가 필요합니다. 소득 없는 나날들이 모여 언젠가 풍요로운 수확을 이룰 것이라는 믿음도 필요합니다. 그러니 오늘도, 눈에 보이는 성과가 없더라도 책을 펼치고, 글을 쓰고, 새로운 것을 익히세요. 당신이 심는 작은 씨앗들이 언젠가 울창한 숲이 되어 당신의 삶을 그늘지게 할 테니까요.

🌱 오늘의 계단 쌓기

하루를 마무리하며 5분만 시간을 내어, 오늘 새롭게 알게 된 사실이나 얻은 통찰 한 가지를 기록해보세요. 꾸준히 기록하다 보면, 당신의 성장을 직접 눈으로 확인할 수 있을 겁니다.

변화는 결심하는 순간이 아닌
지속하는 과정에서 온다

"변화를 꿈꾸는 동안
매일 같은 자리를 맴도는 나를 발견합니다.
내일은 다를 거라 다짐하지만
오늘이 어제와 닮아 있는 그런 느낌이 듭니다."

우리는 모두 변화를 갈망합니다. 새로운 나를 꿈꾸며 잠들고, 내일은 다를 것이라 기대하며 아침을 맞이합니다. 하지만 거울 속에 비친 모습은 여전히 어제의 내가 그대로 서 있는 것 같습니다. 이런 모순된 감정이 우리를 사로잡습니다.

변화란 고요하게 진행되는 법입니다. 마치 시계의 초침이 움직이는 것처럼 너무나 미세해서 눈치채기 어렵습니다. 우리는 드라마틱한 전환을 기대하지만 실제 변화는 대부분 조용하게 찾아옵니다. 하나하나의 작은 결정들이 모여 어느 순간 돌아보면 전혀 다른 길 위에 서 있는 자신을 발견하게 됩니다.

그럼에도 불구하고 변화의 과정에서 우리는 답답함을 느낍니다. '왜 아직도 같은 자리에 있지?'라는 의문이 밤중에 찾아오기도 합니다. 무언가 달라져야 한다는 압박감은 때로 더 강한 정체감을 만들어냅니다. 이것이 '변화의 역설'입니다.

변화를 갈망하는 마음 자체가 이미 변화의 씨앗입니다. 불편함을 느끼고 더 나은 무언가를 상상하는 그 순간부터 우리는 이미 조금씩 변하고 있는 것입니다. 지구가 우리도 모르게 자전하듯 우리의 내면도 끊임없이 움직이고 있습니다.

진정한 변화는 결심의 순간이 아니라 지속의 과정에서 찾아옵니다. 화려한 결심보다 소소한 실천이, 거창한 계획보다 매일의 작은 습관이 우리를 진정으로 변화시킵니다.

그러니 오늘도 변화를 갈망하는 그 마음을 소중히 여기세요. 그 갈망 자체가 이미 변화의 여정 위에 있다는 증거니까요. 언젠가 문득 뒤돌아보면, 오늘 갈망했던 그 변화가 어느새 당신 안에 자리 잡고 있을 테니까요.

🌱 오늘의 계단 쌓기

정체된 느낌이 든다면, 과거에 시도했다가 그만둔 운동이나 악기 연주, 공부 등 활동 한 가지를 오늘 딱 10분만 다시 해 보세요. 거창한 계획보다 작은 재시작이 변화의 계기가 될 수 있습니다.

고독은 성장의
필연적인 동반자

"성장한다는 건 때때로 외로운 일이죠.
주변 사람들은 그대로인데,
나만 다른 방향으로 가는 듯한 느낌이 들지요."

성장은 혼자만의 여정입니다. 숲속에서 자신만의 길을 개척하는 탐험가처럼, 누구도 정확히 같은 경로를 걷지 않습니다. 그래서 때로는 외롭습니다. 주변 사람들이 이해하지 못하는 고민과 열정, 깨달음을 홀로 간직해야 할 때가 있습니다.

성장의 고독은 가끔 소외감으로 다가옵니다. 예전에 함께 웃고 떠들던 친구들과 더 이상 같은 주제로 대화가 이어지지 않을 때 당신이 가치 있게 여기는 것들을 주변에서는 별것 아닌 것처럼 여길 때 그 간극이 마음속에 골짜기를 만듭니다.

하지만 이런 고독은 성장의 필연적인 동반자입니다. 나무가 높이 자라기 위해 뿌리를 깊게 내리듯 진정한 성장은 깊은 내면에서의 작업으로 이루어집니다. 이 내면의 작업은 누구도 대신해줄 수 없는, 오직 자신만이 할 수 있는 과정입니다.

성장의 고독 속에서 우리는 자신만의 목소리를 발견합니다. 다른 이들의 의견과 기대에 휩쓸리지 않고, 진정으로 나에게 중요한 것이 무엇인지 깨닫게 됩니다. 이것이 고독이 주는 선물입니다.

깊은 고독을 충분히 경험한 후 우리는 더 진실된 연결을 만들 수 있습니다. 자신의 여정을 충실히 걸어온 사람들 사이에는 말로 표현할 수 없는 깊은 이해와 공감이 생겨납니다. 그들은 비슷한 고독을 경험했기에, 서로의 여정을 존중하고 응원할 수 있습니다.

성장의 고독을 피하지 마세요. 그것은 당신이 진정한 자신을 향해 나아가고 있다는 증거입니다. 언젠가 그 고독이 당신을 더 깊고 의미 있는 관계로 이끌어 줄 것입니다.

오늘의 계단 쌓기

최근 3개월 내 다른 사람의 의견보다 자신의 판단을 따랐던 결정 한 가지를 떠올려보세요. 그 이유와 결과를 간단히 적어 보면, 스스로에 대한 믿음을 키우는 데 도움이 됩니다.

익숙한 자신과
작별하는 용기

"과거를 놓는다는 건
익숙한 내 모습과 작별하는 일이죠.
당신은 그동안의 나를 정의했던 것들을
과감히 버릴 수 있습니까?"

우리는 저마다 추억, 경험, 실패, 성공과 같은 과거의 산물로 우리의 정체성을 형성해왔습니다. 하지만 때때로 이 모든 것이 무거운 짐이 되어 우리를 앞으로 나아가기 어렵게 만들기도 합니다. 그래서 과거를 놓는 일은 필수적이지만 결코 쉽지 않은 과제입니다.

과거를 놓는다는 것은 단순히 기억을 지우는 것이 아닙니다. 오히려 그것은 과거가 현재의 당신을 완전히 정의하도록 허락하지 않는 용기입니다. "나는 항상 이런 사람이었으니까"라는 말로 자신을 한정 짓지 않는 결단입니다.

이 과정에서 우리는 종종 정체성의 혼란을 경험합니다. 오랫동안 나를 정의해왔던 역할, 습관, 관계들을 내려놓을 때 잠시 방향을 잃은 것처럼 느껴질 수 있습니다. 마치 익숙한 집을 떠나 새로운 도시로 이사 온 첫날의 혼란스러움과 비슷합니다.

그럼에도 불구하고 과거를 놓는 행위에는 놀라운 해방감이 있습니다. 오래된 이야기들이 더 이상 당신의 가능성을 제한하지 않을 때 삶은 새로운 페이지처럼 열립니다. 과거의 실패가 더 이상 미래의 두려움이 아닐 때 우리는 더 담대하게 도전할 수 있습니다.

과거를 놓는다는 것은 하루아침에 이루어지는 사건이 아니라 계속되는 실천입니다. 매일 조금씩, 우리는 '지금 이 순간'을 선택하는 법을 배웁니다. 어제의 내가 오늘의 나를 제한하는 감옥으로 만들지 않고, 오히려 어제의 경험을 오늘의 지혜로 변화시키는 연금술을 배우는 것입니다.

과거를 놓는다고 해서 그것을 부정하거나 잊는 것은 아닙니다. 오히려 그것을 올바른 위치에 두는 것입니다. 당신의 역사는 당신의 일부이지만 당신의 전부는 아닙니다. 과거는 참고할 지도일 뿐 반드시 따라야 할 경로는 아닙니다.

🌱 오늘의 계단 쌓기

당신이 부정적으로 기억하는 과거의 경험 하나를 떠올려보고, 그 일에서 배울 수 있었던 긍정적인 교훈 한 가지를 찾아보세요. 과거를 재해석하는 것이 앞으로 나아갈 힘을 줍니다.

편안함이 성장의
가장 큰 적이 될 때가 있다

"성장이란 편안한 곳을 떠나는 용기죠.
익숙함이라는 담요를 벗어던지고
추위를 감수하는 그런 느낌이라고나 할까요."

익숙한 공간, 친숙한 사람들, 반복되는 일상의 패턴. 이 모든 것은 우리에게 안정감과 안전함을 제공합니다. 그러나 이런 편안함이 성장의 가장 큰 적이 될 때도 있습니다.

성장의 시작은 편안함과의 작별에서 시작됩니다. 마치 따뜻한 침대를 떠나 차가운 아침 공기와 마주하는 것처럼, 우리는 불편함과 불확실성을 받아들여야만 새로운 지평을 열 수 있습니다.

이런 불편함을 선택하는 일은 쉽지 않습니다. 우리의 뇌는 에너지를 절약하고 위험을 피하도록 설계되어 있기 때문에 본능적으로 편안함을 추구합니다. 하지만 역설적으로 이 편안함의 영역에서는 어떤 진정한 발전도 일어나지 않습니다. 근육이 저항을 만날 때에만 강해지듯 우리의 역량도 도전 속에서만 발달합니다.

편안함과 작별한다는 것은 낯선 곳에 발을 들이는 일입니다. 새로운 직장, 새로운 관계, 새로운 취미, 새로운 도전. 이 모든 것은 처음에는 어색하고 불편합니다. 그러나 이 불편함 속에서 우리는 새로운 가능성을 발견합니다.

가장 아름다운 성장의 순간들은 가장 불편한 경험 속에서 찾아옵니다. 힘든 대화를 용기 있게 나눈 후, 처음으로 높은 산을 정복한 후, 익숙하지 않은 도전을 받아들인 후에 우리는 이전보다 조금 더 강해진 자신을 발견합니다.

편안함과 작별하는 용기는 하루아침에 생기지 않습니다. 작은 불편함을 선택하는 일상의 결정들이 모여 결국 큰 변화를 만들어냅니다. 오늘 조금 더 일찍 일어나기, 새로운 기술 배우기, 낯선 사람에게 말 걸기. 이런 작은 도전들이 편안함에 머물러 있던 우리의 경계를 조금씩 넓혀갑니다.

그러니 오늘, 편안한 담요를 잠시 내려놓고 차가운 공기 속으로 발을 내디뎌 보세요. 그 추위가 당신을 더 강하고, 더 현명하고, 더 살아 있게 만들 것입니다.

🌱 오늘의 계단 쌓기

오늘은 의도적으로 익숙하지 않은 행동을 한 가지 해보세요. 늘 가던 식당 대신 새로운 곳에 가거나, 다른 장르의 음악을 듣는 것처럼 작은 시도도 좋습니다. 이 경험을 통해 느낀 점을 간단히 메모해보세요.

더 나은 나를 찾아가는
여정에 있는 당신에게

"변화하는 자아,
'더 나은 나'를 찾아가는 과정에서
'지금의 나'를 부정하게 되는 모순이죠.
내가 누구인지 더 헷갈릴 수 있는 여정입니다."

우리는 자기 계발서를 읽고, 영감을 주는 강연을 들으며 '더 나은 나'를 꿈꿉니다. 하지만 더 나은 사람이 되려는 노력이 현재의 자신을 부정하는 것처럼 느껴지는 순간을 맞닥뜨리기도 합니다.

정체성의 혼란은 변화의 과정에서 자연스럽게 찾아옵니다. 마치 허물을 벗는 뱀처럼, 우리는 옛 자아와 새 자아 사이에서 잠시 길을 잃게 됩니다.

'나는 누구인가?'
'내가 되고 싶은 사람은 진정 나인가, 아니면 사회가 기대하는 모습인가?'

이런 질문들이 마음속에서 울려 퍼집니다. 이 혼란은 괴롭지만 사실은 건강한 신호입니다. 물이 끓기 위해서는 분자들이 흩어지고 재배열되는 혼돈의 과정이 필요하듯 우리의 자아도 변화하기 위해 일시적인 무질서를 겪어야 합니다. 이것은 성장의 증거이며, 자신을 더 깊이 탐색하고 있다는 징표입니다.

정체성의 혼란 속에서 우리는 자신의 핵심 가치와 일시적인 목표를 구분하는 법을 배웁니다. 더 날씬해지기나 더 성공하기와 같은 표면적인 변화를 추구하는 것과 진정성, 연결, 의미 등 근본적으로 자아를 표현하는 것의 차이를 인식하게 됩니다.

이 여정에서 중요한 것은 '지금의 나'를 적으로 여기지 않는 것입니다. 변화는 거부가 아닌 포용에서 시작됩니다. 자신의 약점, 실패, 부족함까지도 있는 그대로 인정할 때 우리는 가장 건강한 방식으로 성장할 수 있습니다.

정체성의 혼란은 영원히 지속되지 않습니다. 마치 안개 속에서 걷다가 문득 맑은 하늘을 마주하는 것처럼 혼란 속에서도 때때로 선명한 순간들이 찾아옵니다. 그 순간에 우리는 '나다움'이 무엇인지, 어떤 변화가 진정 우리를 위한 것인지 조금씩 알아가게 됩니다.

그러니 지금 정체성의 혼란을 겪고 있다면, 그것을 반갑게 맞이하세요. 당신이 살아 있고, 성장하고 있으며, 더 진실된 자신을 향해 나아가고 있다는 증거입니다.

🌱 오늘의 계단 쌓기

혼란스러울 때일수록 변하지 않는 당신의 장점이나 특성 세 가지를 찾아 적어보세요. 자신에 대한 긍정적이고 일관된 사실을 확인하는 것은 중심을 잡는 데 도움이 됩니다.

알면 알수록
모르는 것이 많아지는 배움의 길

"숙련되어 간다는 건
더 많은 결함을 보게 된다는 역설이죠.
알면 알수록 자신이 얼마나 모르는지 깨닫는 그런 과정입니다."

처음 새로운 분야에 발을 들일 때 우리는 순진한 자신감에 차 있습니다. 두세 권의 책을 읽고, 몇 시간의 강의를 듣고 나면 어느 정도 이해했다고 느낍니다. 하지만 더 깊이 들어갈수록, 그 분야의 깊이와 복잡성이 점점 더 선명하게 드러납니다. 이것이 숙련의 역설입니다.

피아노를 배우기 시작한 초보자는 간단한 멜로디를 연주할 수 있게 되면 성취감을 느낍니다. 하지만 전문 피아니스트는 자신의 연주에서 수백 가지의 미세한 결함을 발견합니다. 작가는 문장 하나를 완성하기 위해 수십 번을 고민하고, 화가는 남들이 보지 못하는 색조의 차이에 집착합니다. 숙련도가 높아질수록 우리는 더 높은 기준을 갖게 됩니다.

"왜 더 배울수록 내가 더 부족하게 느껴질까?"라는 의문과 좌절감을 느낄 수도 있습니다. 하지만 이것은 사실 성장의 자연스러운 과정입니다. 산을 오를 때 정상에 가까워질수록 더 넓은 풍경이 보이듯 지식이 깊어질수록 아직 탐험하지 않은 영역이 더 선명하게 보이는 것입니다.

소크라테스가 "내가 아는 것은 내가 아무것도 모른다는 사실뿐이다"라고 말한 이유가 바로 이것입니다. 진정한 지혜는 자신의 무지를 인정하는 데서 시작됩니다. 숙련의 과정은 단순히 지식을 쌓는 것이 아니라 지식의 한계를 인식하고 겸손해지는 여정입니다.

이 역설을 받아들이면, 우리는 평생의 학습자가 됩니다. 도달해야 할 최종 목적지가 없음을 인정하고, 대신 매 순간의 배움을 즐기게 됩니다. 완벽함을 추구하되 그것에 집착하지 않고, 발전 그 자체에 의미를 둡니다.

숙련의 역설 속에서 우리는 또한 다른 이들에게 더 공감할 수 있습니다. 초보자의 어려움을 더 깊이 이해하고, 모든 숙련자가 한때는 초보자였음을 기억합니다. 이런 인식은 우리를 더 인내심 있고 겸손한 멘토로 만들어 줍니다.

그러니 자신의 부족함이 더 선명하게 보인다면, 그것을 실패로 여기지 마세요. 그것은 당신이 더 깊은 수준의 이해에 도달했다는 증거입니다. 숙련의 역설을 받아들이고, 끝없는 배움의 여정을 즐기세요.

🌱 오늘의 계단 쌓기

당신이 잘 안다고 생각하는 분야의 기본 개념을, 오늘 처음 배우는 사람에게 설명한다고 상상하며 다시 읽어보세요. 기초를 점검하는 과정에서 새로운 깨달음을 얻을 수 있습니다.

더 많이, 더 깊이
배우고 성장하는 삶

"내가 도달할 수 있는 최대치가 어디인지 모른 채

계속 나아가는 것,

성장의 한계가 실제로 존재하는지

아니면 내가 만든 환상인지 의문이 드는 시간을 통과합니다."

우리는 끊임없이 성장하라는 메시지에 둘러싸여 있습니다.

"더 나은 버전의 자신이 되세요."
"한계를 뛰어넘으세요."
"잠재력을 최대한 발휘하세요."

하지만 문득 이런 질문이 찾아옵니다.

"이 성장에는 끝이 있는 걸까?"
"내가 도달해야 할 최종 목적지는 무엇일까?"

성장의 끝에 대한 고민은 중년기에 더 강하게 찾아옵니다. 젊은 시절의 무한한 가능성이 점차 현실의 경계와 맞닿으면서 우리는 자신의 한계와 마주하게 됩니다. 체력의 한계, 시간의 한계, 때로는 재능의 한계까지도 인정해야 하는 순간들이 옵니다.

이런 한계를 인정하는 것은 쉽지 않습니다. 우리는 한편으로는 "노력하면 무엇이든 할 수 있다"는 메시지를, 다른 한편으로는 "타고난 재능과 환경이 중요하다"는 현실을 동시에 받아들여야 합니다. 이 두 진실 사이에서 균형을 찾는 일은 삶의 큰 과제 중 하나입니다.

하지만 성장의 끝에 대한 고민은 또 다른 질문으로 이어집니다. 과연 성장이란 무엇인가? 만약 성장을 단순히 능력의 확장이나 성취의 축적으로 본다면, 분명 한계가 있을 것입니다. 하지만 성장을 깊이의 관점에서 본다면 어떨까요?

나이가 들수록 우리는 '더 많이' 하기보다 '더 깊이' 하는 쪽으로 방향을 바꿔 갑니다. 여러 분야를 얕게 경험하기보다 한 분야에 깊이 몰입하고, 많은 사람과 관계를 맺는 것보다 몇몇 소중한 관계를 더 깊게 발전시키며, 새로운 지식을 쌓기보다 이미 알고 있는 것을 더 깊이 통합하고 실천하는 방향으로 말입니다.

이런 관점에서 본다면, 성장에 끝은 없습니다. 그것은 무한한 확장이 아니라 무한한 심화의 여정입니다. 마치 동그라미가 점점 커지는 것이 아니라 같은 크기의 동그라미를 점점 더 깊게 파고드는 것과 같습니다.

성장의 끝에 대한 고민은 결국 우리에게 더 의미 있는 질문을 던집니다. "내가 도달할 수 있는 최대치는 어디인가?"가 아니라 "내게 진정으로 중요한 성장은 무엇인가?" 이 질문에 대한 답을 찾아가는 과정이야말로 가장 가치 있는 성장일지도 모릅니다.

🌱 **오늘의 계단 쌓기**

성장이 멈춘 것 같다고 느껴진다면, 새로운 것을 배우기보다 이미 알고 있는 기술 하나를 더 깊이 연습하는 데 20분을 써보세요. 성장은 양이 아닌 깊이로도 이루어집니다.

넘어진 그 자리가
다시 일어설 출발점이다

"다시 시작한다는 건
넘어진 자리에서 상처를 확인하고도
일어나 걷겠다고 결심하는 용기죠.
실패가 끝이 아니라 새로운 시작점임을 받아들이는 순간입니다."

우리는 모두 넘어집니다. 때로는 작은 실수로, 때로는 예상치 못한 장애물에 걸려서, 때로는 자신의 한계로 인해 넘어지게 됩니다. 이런 실패의 순간에 우리가 어떻게 반응하느냐가 우리의 성장 여부를 결정합니다.

실패 후의 첫 감정은 대개 고통과 수치심입니다. 우리는 자신을 탓하고, 다른 이들의 시선을 의식하며, 때로는 다시 시도할 용기를 잃기도 합니다. "나는 이런 일에 맞지 않나 봐", "더 이상 시도해봤자 소용없어"라는 생각에 사로잡힙니다.

하지만 모든 위대한 성취 뒤에는 수많은 실패의 순간들이 있었습니다. 에디슨은 전구를 발명하기 전 수천 번의 실패를 경험했고, J.K. 롤링은 《해리 포터》 시리즈를 열두 출판사에 거절당했으며, 마이클 조던은 고등학교 농구팀에서 탈락하기도 했습니다. 그들이 위대해진 이유는 실패하지 않아서가 아니라 실패 후에 다시 일어섰기 때문입니다.

실패 후 일어서는 과정은 단계적입니다. 먼저 실패를 인정하고 그것이 주는 감정을 충분히 느끼는 것이 중요합니다. 슬픔, 분노, 좌절감을 억누르지 말고 그대로 경험하세요. 그다음은 실패에서 배울 점을 찾는 것입니다. 모든 실패는 교훈을 담고 있으며, 이 교훈은 다음 시도에서 귀중한 자산이 됩니다.

마지막으로 우리는 다시 시작할 용기를 내야 합니다. 때로는 같은 목표를 향해, 때로는 전혀 다른 방향으로, 하지만 항상 이전의 경험을 지혜로 삼아 새로운 첫걸음을 내딛는 것입니다. 조금 더 강해지고, 조금 더 지혜로워진 자신으로 다시 태어나는 과정입니다. 상처는 흉터로 남을 수 있지만 그 흉터는 당신이 살아남았고 계속해서 성장하고 있다는 증거입니다.

실패를 두려워하지 마세요. 완벽한 여정이란 존재하지 않으며, 모든 의미 있는 성취에는 실패의 순간들이 포함되어 있습니다. 다시 일어설 용기만 있다면, 어떤 실패도 당신을 정의하지 못합니다. 오히려 그 실패를 어떻게 극복했는지가 당신을 진정으로 정의할 것입니다.

🌱 오늘의 계단 쌓기

최근 겪은 실패를 통해 무엇을 배웠는지 세 가지를 구체적으로 적어보세요. 실패를 배움의 과정으로 여기는 연습은 회복 속도를 빠르게 만들어 줍니다.

아직 모른다는 고백이
성장의 가능성을 연다

"무지를 인정한다는 건
지식을 향한 첫걸음이지만 가장 걷기 어려운 길이죠.
알면 알수록 모르는 것이 많아지는
그 역설적 여정을 받아들이는 태도입니다."

지식의 바다는 끝이 없습니다. 우리가 알고 있는 것은 알 수 있는 것의 극히 일부에 불과합니다. 이런 사실을 마주하는 것은 때로 압도적일 수 있지만 진정한 배움은 바로 이 겸손한 인식에서 시작됩니다.

어린아이들은 세상의 모든 것에 대해 "왜?"라고 질문합니다. 아이들은 모르는 것을 인정하는 데 주저함이 없습니다. 하지만 나이가 들수록 우리는 점점 질문하기를 두려워합니다.

무지를 드러내는 것이 약점으로 보일까 봐 이미 알고 있는 척하거나 중요하지 않은 것처럼 넘어가기도 합니다.

그러나 역설적으로, 가장 뛰어난 전문가들은 가장 겸손한 학습자이기도 합니다. 그들은 자신의 분야에 대해 깊이 알기에, 아직 모르는 것이 얼마나 많은지도 명확히 인식합니다. 아인슈타인은 "나는 아무것도 모른다. 다만 남들보다 조금 더 일찍 답을 찾아낼 뿐이다"라고 말했습니다.

배움의 겸손을 갖는다는 것은 자신의 한계를 인정하는 것입니다. 모든 질문에 대한 답을 알아야 한다는 압박에서 벗어나 계속해서 질문하고 탐구하는 자세를 유지하는 것입니다. 이런 태도는 우리를 더 개방적이고 수용적인 학습자로 만들어 줍니다.

겸손한 학습자는 모든 사람에게서 배울 준비가 되어 있습니다. 지위나 나이에 상관없이 각자의 고유한 지혜와 관점을 존중합니다. 초보자의 신선한 시각이나 다른 분야의 통찰이 때로는 가장 값진 교훈을 가져다줄 수 있음을 알기 때문입니다.

배움의 겸손은 또한 우리를 더 인내심 있게 만듭니다. 지식이란 하룻밤 사이에 얻어지는 것이 아니라 평생에 걸쳐 조금씩 쌓아가는 것임을 인정할 때 우리는 급한 마음을 내려놓고 꾸준히 앞으로 나아갈 수 있습니다.

무지를 인정하는 용기, 계속해서 질문하는 호기심, 모든 이로부터 배우려는 열린 마음. 이것이 배움의 겸손입니다. 이런 태도를 가질 때 우리의 지식은 단순히 양적으로 증가하는 것을 넘어, 더 깊고 풍요로운 이해로 발전해 나갈 것입니다.

🌱 오늘의 계단 쌓기

오늘 대화나 회의 중에 모르는 내용이 나오면, 부끄러워하지 말고 솔직하게 질문해보세요.

"제가 잘 모르는 부분인데, 조금 더 설명해주실 수 있나요?"

이 한마디가 당신을 더 성장하게 합니다.

2장
흔들리더라도
다시 중심을 잡는다는 것

밤중에 찾아오는
자기 의심의 목소리

"자기 의심,

이 모든 노력이 결국 무의미하지는 않을까 하는 생각이

밤중에 찾아오는 순간들이죠."

밤이 깊어질수록 의심의 목소리는 더 또렷해집니다. 하루 종일 바쁘게 움직이며 보지 않으려 했던 질문들이 어둠 속에서 하나둘 모습을 드러냅니다.

"내가 가는 이 길이 맞는 걸까?"
"이 모든 노력이 결실을 맺을까?"
"다른 선택을 했다면 어땠을까?"

자기 의심은 성장 과정에서 필연적으로 마주하는 동반자입니다. 마치 그림자처럼, 빛이 있는 곳이라면 어디든 따라다니죠. 때로는 작은 속삭임으로, 때로는 귀청을 울리는 외침으로 우리에게 말을 걸어옵니다.

이 의심의 목소리는 양면성을 가지고 있습니다. 한편으로는 우리를 마비시키고 전진을 막는 장애물이 되기도 하지만 다른 한편으로는 중요한 질문을 던지며 우리를 더 깊은 성찰로 이끌기도 합니다.

우리는 이 의심의 목소리를 침묵시키려 합니다. 더 바쁘게 움직이거나, 성공한 사람들의 조언을 더 많이 듣거나, 긍정적인 생각으로 가득 채우려 노력합니다.

이 의심의 목소리에 귀 기울이는 것이 더 현명한 선택일 때도 있습니다. 의심은 종종 우리가 무의식적으로 알고 있던 진실을 드러냅니다. '이 길이 정말 나에게 맞지 않는다면?', '이 목표가 실제로는 내 것이 아니라 남의 기대에서 비롯한 것이라면?' 이런 중요한 질문들을 통해 우리가 진정성 있는 선택을 할 수 있도록 도와줍니다.

건강한 의심은 맹목적인 확신보다 훨씬 더 가치 있습니다. 의심할 줄 아는 사람은 다양한 가능성을 고려하고, 자신의 신념을 지속적으로 검증하며, 필요할 때 방향을 수정할 수 있는 유연성을 갖게 됩니다.

그러니 다음번에 밤중에 의심의 목소리가 찾아오거든 그것을 적으로 여기지 마세요. 차분히 귀 기울이고, 그 의심이 당신에게 무엇을 말하려 하는지 물어보세요. 그 목소리가 당신을 더 참된 길로 인도하는 나침반이 될 수도 있으니까요.

오늘의 계단 쌓기

자신에 대한 의심이나 불안감이 들 때 그 내용을 판단하지 말고 그대로 노트에 적어보세요. 생각을 눈에 보이게 꺼내놓는 것만으로도 감정을 객관적으로 바라보는 데 도움이 됩니다.

나에게 하는 말이
하루의 색을 바꾼다

"내면의 목소리,

때로는 가장 냉혹한 비평가가 되고,

때로는 유일한 응원자가 되는 그 목소리와의 관계죠.

그 목소리의 색깔이 하루의 색을 결정하는 느낌."

우리는 하루에 수만 가지의 생각을 합니다. 대부분은 자신과의 대화로 이루어져 있습니다. 이 내면의 목소리는 하루 종일 우리와 함께하며, 우리의 경험을 해석하고, 감정을 형성하고, 행동을 결정하는 데 놀라운 영향력을 행사합니다. 그리고 때때로 이 목소리는 우리에게 가장 가혹한 비평가가 됩니다.

'너는 항상 이런 실수를 해.'

'다른 사람들은 쉽게 해내는데 너는 왜 이렇게 어려워하니?'
'지금 이 상태로는 역부족이야.'

이런 부정적인 자기 대화가 지속되면, 가장 밝은 날씨에도 우리의 마음은 어둡고 흐린 날처럼 느껴집니다. 반면 같은 목소리가 때로는 가장 따뜻한 지지자가 되기도 합니다.

'괜찮아, 한 걸음씩 나아가자.'
'실패해도 괜찮아, 그건 성장의 일부야.'
'너는 충분히 잘하고 있어.'

이런 긍정적인 자기 대화는 어려운 상황에서도 우리에게 용기와 회복력을 줍니다.

흥미로운 점은 이 내면의 목소리가 종종 우리가 어린 시절 들었던 목소리들의 복합체라는 것입니다. 부모님, 선생님, 친구들, 미디어. 이 모든 외부 영향이 우리 안에 내재화되어 우리 자신의 목소리처럼 들립니다. 우리에게는 이 목소리의 톤과 내용을 선택할 수 있는 능력이 있습니다.

자기 대화의 음색을 바꾸는 것은 단순한 일이 아닙니다. 오랜 습관은 쉽게 변하지 않으니까요. 하지만 먼저 자신의 내면 대화에 주의를 기울이는 것부터 시작할 수 있습니다. 스스로에게 어떤 말을 하고 있는지 알아차리고, 그 말이 당신을 북돋는지 아니면 낙담시키는지 관찰해보세요.

부정적인 자기 대화를 발견했다면, 그것을 판단하지 말고 단순히 인식해보세요. 그리고 천천히, 마치 소중한 친구에게 말하듯 더 친절하고 격려하는 말로 바꿔보세요. '나는 실패자야'라는 생각이 들면, '모든 사람은 실수를 해. 이것도 배움의 과정이야'라고 바꿔보는 식으로요.

내면의 목소리는 우리가 가진 가장 강력한 도구 중 하나입니다. 그 음색을 조금씩 바꿔나갈 때 우리의 일상과 인생 전체의 색채가 달라질 수 있습니다. 당신의 가장 현명한 조언자이자 가장 따뜻한 친구가 되도록 가꿔보세요.

🌱 오늘의 계단 쌓기

하루 동안 스스로에게 비난이나 자책의 말을 할 때마다 알아차리고, 더 친절하고 격려하는 말로 의식적으로 바꿔보는 연습을 해보세요.

때로는 질문 속에 머무르며
삶에 깊이를 더한다

"의미를 찾는 건
소음 가득한 세상에서 자신만의 선율을 찾아가는 과정이죠.
때로는 아무 소리도 들리지 않아
불안한 순간들을 견뎌내야 한답니다."

현대 사회는 소음으로 가득합니다. 끊임없는 알림, 업무 요구, 소셜 미디어의 줄기찬 소식들. 그리고 이 모든 소음 속에서 우리는 자신의 삶에 진정한 의미가 무엇인지 묻게 됩니다. 이것이 의미를 찾는 여정의 시작입니다.

의미를 찾는다는 건 누구에게나 본능적인 욕구입니다. 인간은 단순히 생존하는 것을 넘어, 자신의 존재가 어떤 의미를 가지는지 이해하고 싶어 합니다.

"왜 나는 여기에 있는가?"

"내가 진정으로 원하는 것은 무엇인가?"

"어떻게 살아야 의미 있는 삶이 될까?"

이런 질문들은 간단한 답을 찾기 어렵지만 질문 자체만으로도 우리 삶에 깊이를 더해줍니다.

의미를 찾는 여정에서 우리는 때때로 완전한 침묵을 경험합니다. 그동안 따라왔던 길이 갑자기 의미를 잃어버리거나, 오랫동안 추구해 온 목표가 더 이상 가치 있게 느껴지지 않는 순간들이 찾아옵니다. 이런 '의미의 진공' 상태는 불안하고 혼란스럽지만 동시에 새로운 가능성이 열리는 시간이기도 합니다.

빅터 프랭클은 "삶의 의미를 찾는 사람은 행복을 찾는 사람보다 더 행복하다"고 말했습니다. 의미는 종종 행복의 부산물로 찾아오기 때문입니다. 우리가 의미 있다고 느끼는 활동에 몰입할 때 '플로우(flow)' 상태에 들어가고, 가장 충만한 만족감을 경험합니다.

의미는 거창한 업적이나 사회적 인정에서만 오는 것이 아닙니다. 그것은 일상의 작은 순간들에서, 다른 사람과의 진실된 연결에서 그리고 자신의 가치와 일치하는 방식으로 사는 삶에서도 옵니다. 아이에게 책을 읽어주는 부모, 환자를 돌보는 간호사, 정성껏 음식을 만드는 요리사. 모두 그들만의 방식으로 의미를 창조하고 있는 것입니다.

의미를 찾는 여정은 결코 끝나지 않습니다. 그것은 인생의 여러 단계에서 계속해서 재평가되고 재발견되는 과정입니다. 때로는 명확한 방향이 보이지 않아 불안할 수 있지만 그 불확실성 속에서도 우리는 한 걸음씩 나아갑니다.

여러분만의 선율을 찾는 이 여정에서, 모든 답을 즉시 찾으려 하지 마세요. 때로는 질문 속에 머무르고, 불확실성을 받아들이며, 자신만의 고유한 리듬을 찾아가는 과정 그 자체를 즐기는 것이 중요합니다. 그 과정에서 의미는 서서히 그러나 확실하게 모습을 드러낼 것입니다.

🌱 오늘의 계단 쌓기

당신의 삶에서 가장 보람 있고 의미 있었던 순간 다섯 가지를 나열하고, 그 순간들의 공통점이 무엇인지 찾아보세요. 당신의 핵심 가치를 발견하는 단서가 될 수 있습니다.

삶의 의미는
매 순간 만들어가는 여정 그 자체에 있다

"의미 있는 삶이란 끊임없이 재정의되는 개념이죠.
어제의 목표가 오늘은 공허하게 느껴지고
내일의 나는 또 다른 의미를 찾는,
그런 끝없는 여정이라고나 할까요?"

'의미 있는 삶'이란 무엇일까요? 이 질문은 인류 역사만큼이나 오래되었습니다. 철학자들, 종교 지도자들, 예술가들 그리고 평범한 사람들까지 모두가 자신만의 답을 찾기 위해 노력해왔습니다. 한 가지 흥미로운 점은, 이 질문에 대한 우리의 답이 계속해서 변한다는 사실입니다.

20-30대에 우리는 성공, 인정, 성취를 통해 의미를 찾으려 합니다. 커리어의 사다리를 오르고, 사회적 지위를 확립하는

것이 삶의 중심처럼 느껴집니다. 40대, 50대에 접어들면서 관계, 가족, 공동체에서 더 깊은 의미를 발견하기도 합니다. 그리고 나이가 더 들면, 많은 이들이 지혜의 전달, 유산 남기기, 자신보다 더 큰 무언가에 기여하는 것에서 의미를 찾습니다.

이처럼 의미 있는 삶에 대한 정의는 고정된 것이 아니라 우리의 경험, 성숙도, 인생 단계에 따라 계속해서 진화합니다. 어제 우리에게 중요했던 것이 오늘은 덜 중요하게 느껴질 수 있고, 오늘 우리가 추구하는 것이 내일은 다른 것으로 대체될 수 있습니다.

이런 변화는 때로 혼란스럽고 불안하게 느껴집니다.

"왜 예전에 그토록 원했던 것이 지금은 공허하게 느껴지지?"

"계속 방향을 바꾸는 것은 일관성이 없는 걸까?"

답을 내리기 어려운 의문들이 이어지기도 합니다. 사실 이런 변화는 성장의 자연스러운 일부입니다.

진정으로 의미 있는 삶은 고정된 목표나 상태가 아니라 끊임없이 자신의 가치와 열망을 재평가하고 재조정하는 과정일

지도 모릅니다. 그것은 외부에서 주어진 기준을 맹목적으로 따르기보다 내면의 나침반을 신뢰하고 그에 따라 방향을 조정하는 용기를 갖는 것입니다.

끊임없는 재정의의 과정을 받아들이고, 각 단계에서 진정성을 유지하며, 변화하는 자신과 세상에 열린 마음을 갖는 삶, 확고한 정답을 찾는 것이 아니라 질문을 계속하고, 탐험하고, 성장하는 여정입니다.

그러니 오늘 당신이 생각하는 '의미 있는 삶'의 정의가 내일 바뀐다 해도 걱정하지 마세요. 그것은 실패가 아니라 성장의 증거입니다. 삶의 의미는 결국 미리 정해진 목적지가 아니라 매 순간 우리가 만들어가는 여정 그 자체일지도 모릅니다.

🌱 오늘의 계단 쌓기

10년 전 당신이 중요하게 생각했던 가치와 지금 중요하게 생각하는 가치는 어떻게 다른가요? 그 변화를 비교해서 적어보며, 당신이 어떻게 성숙해왔는지 확인해보세요.

진정한 동기를 무기로
목표를 향해 나아가라

"진정한 동기,
외부의 인정이 아닌 내면에서 오는 원동력을 찾는 여정이죠.
하지만 그것이 정말 내 안에서 나온 것인지,
사회화된 욕망인지 구분하기 어려운 혼란을 포함합니다."

우리가 무언가를 추구할 때 그 이면에는 항상 동기가 존재합니다. 어떤 목표를 향해 나아가게 만드는 그 힘은 어디에서 오는 걸까요? 외부에서 오는 동기가 있습니다. 타인의 인정, 사회적 지위, 물질적 보상 같은 것들. 그리고 내부에서 오는 동기가 있습니다. 호기심, 성장의 욕구, 자기 표현의 기쁨 같은 것들.

심리학 연구에 따르면, 내적 동기에서 비롯된 행동은 더 지속적이고, 더 만족스러우며, 더 창의적인 결과를 가져옵니다. 외적 보상만을 위해 일할 때 우리는 소진되거나 의미를 상실합니다. 반면 내면의 진정한 관심과 열정에서 비롯된 활동은 그 자체로 보상이 되어, 외부 조건이 어려워도 지속할 수 있는 힘을 줍니다.

하지만 여기서 중요한 질문이 생깁니다. 내가 느끼는 이 동기가 정말 '나'에게서 나온 것일까요? 아니면 사회화 과정을 통해 내면화된 외부의 기대일까요? 우리는 어릴 때부터 가족, 교육 시스템, 미디어 등을 통해 특정한 가치와 목표를 내면화합니다.

"성공적인 사람이 되어야 한다."
"안정적인 직업을 가져야 한다."
"남들에게 인정받아야 한다."

이러한 메시지들이 우리 내면에 깊이 새겨져, 마치 우리 자신의 욕망인 것처럼 느껴지기도 합니다.

진정한 내적 동기를 탐색하는 과정은 이런 내면화된 기대와 진짜 자신의 열망을 구분하는 작업을 포함합니다. 이것은 쉽지 않은 여정입니다. 오랫동안 꿈꿔왔던 목표가 사실은 남들에게서 비롯했다는 것을 깨달을 수도 있습니다. 또는 사회적으로 인정받지 못하는 분야에 대한 열정이 있다는 것을 발견하고 갈등할 수도 있습니다.

내적 동기를 찾는 한 가지 방법은 '플로우(flow)' 상태를 경험하는 활동에 주목하는 것입니다. 시간 가는 줄 모르고 몰입하게 되는, 그 자체로 기쁨을 주는 활동들이 무엇인지 살펴보세요. 어린 시절의 순수한 관심사를 회상해보는 것도 도움이 됩니다. 외부의 기대와 평가가 영향을 덜 미치던 시기에 당신이 자연스럽게 끌렸던 것들은 무엇이었나요?

진정한 내적 동기를 찾는 여정은 평생에 걸친 탐험입니다. 자신의 감정, 에너지, 가치에 더 집중하고, 외부의 소리보다 내면의 목소리에 더 귀 기울이는 연습이 필요합니다. 이 여정에서 완벽한 명확성을 기대하기보다는, 점진적인 발견과 조정의 과정으로 받아들이는 것이 중요합니다.

자신의 진정한 내적 동기를 알아갈수록 당신의 삶은 더 진실되고, 더 의미 있고, 더 충만해질 것입니다. 그것은 남들을 위한 삶이 아닌 진정으로 '당신의' 삶을 살아가는 길입니다.

오늘의 계단 쌓기

보상이 없어도 순수하게 재미있어서 하는 활동은 무엇인가요? 오늘 그 활동에 15분 동안 집중해보세요. 진정한 동기는 즐거움에서 나옵니다.

남의 기대가 아닌
나의 진심으로 살아간다

"진정성을 찾는다는 건
남의 기대가 아닌 나만의 목소리를 찾아가는 여정이죠.
하지만 진짜 '나'라는 것이 무엇인지 알 수 없는
그런 혼란스러움이기도 합니다."

현대 사회에서 '진정성(authenticity)'은 매우 가치 있는 덕목으로 여겨집니다. 우리는 "진정한 자신이 되어라", "진실된 삶을 살아라"와 같은 메시지를 끊임없이 듣습니다. 하지만 이 간단해 보이는 조언 뒤에는 복잡한 질문이 숨어 있습니다. '진정한 나'란 과연 무엇일까요?

진정성을 추구한다는 것은 외부의 압력, 사회적 기대, 타인의 평가에서 벗어나 자신의 내면에 귀 기울이는 것입니다. 그러나 아이러니하게도 우리의 '자아'는 사회적 상호작용을 통해 형성됩니다. 우리는 가족, 친구, 문화, 미디어의 영향 아래 성장하며, 이 모든 요소가 우리의 정체성을 구성합니다. 그렇다면 이 모든 영향을 제외한 '순수한 나'란 과연 존재할까요?

철학자 찰스 테일러는 진정성이란 단순히 자신의 내면을 따르는 것이 아니라 자신보다 더 큰 무언가, 이를테면 가치나 전통, 공동체와의 의미 있는 관계 속에서 자신을 정의하는 것이라고 주장했습니다. 즉, 진정성은 완전한 독립이 아니라 의미 있는 관계와 가치 속에서 자신의 고유한 위치를 찾는 것일 수 있습니다.

진정성을 찾는 여정에서 우리는 종종 혼란을 경험합니다. 다양한 역할과 정체성 사이에서 갈등하기도 하고, 시간에 따라 변화하는 자신의 모습에 당황하기도 합니다.

"20대의 나와 40대의 나 중 어느 쪽이 더 진정한 나일까?"

"직장에서의 나와 가족과 함께 있을 때의 나 중 어느 쪽이 더 진짜 나일까?"

이런 질문들은 명확한 답을 찾기 어렵습니다.

어쩌면 진정성이란 고정된 '참된 자아'를 발견하는 것이 아니라 끊임없이 변화하는 자신과 세상 속에서 진실되게 살아가는 방식일지도 모릅니다. 그것은 완벽한 일관성이 아니라 자신의 다양한 측면들을 인정하고 통합하는 과정일 수 있습니다.

진정성을 추구한다는 것은 자신의 한계와 약점을 인정하는 용기가 필요한 일입니다. 완벽해 보이려는 가면을 벗고, 자신의 불완전함과 함께 있는 그대로의 모습으로 세상과 만나는 것입니다.

궁극적으로 진정성의 추구는 '정답이 있는 퍼즐'이 아니라 '계속되는 대화'에 가깝습니다. 그것은 나의 내면과 주변 사람들과 그리고 내가 속한 세계 사이에서의 끊임없는 대화를 통해 조금씩 자신만의 목소리를 발견해 가는 여정입니다. 그 과정에서 경험하는 혼란과 불확실성은 실패의 신호가 아니라 오히려 진정성 있는 삶을 향한 중요한 단계일 수 있습니다.

🌱 오늘의 계단 쌓기

오늘 하루, 다른 사람에게 잘 보이기 위해 솔직한 생각이나 감정을 숨겼던 순간이 있었다면 기록해보세요. 자신의 행동 패턴을 아는 것이 진솔한 나를 찾아가는 첫걸음입니다.

우리가 경험하는 모든 것에
어려 있는 가치의 빛

"의미 없음을 받아들인다는 건

모든 노력이 결국 우주적 관점에선

사소할 수 있다는 진실과 마주하는 일이죠.

그럼에도 불구하고 의미를 창조해 나가겠다는

결단을 내리는 것입니다."

인간은 본능적으로 의미를 추구하는 존재입니다. 우리는 자신의 삶, 행동, 고통에 이유와 목적이 있기를 바랍니다. 하지만 때로 우리는 불편한 진실과 마주하게 됩니다. 우주적 관점에서 볼 때 우리의 가장 위대한 성취조차 얼마나 작고 덧없는 것인지를 말입니다.

별들이 태어나고 죽어가는 광대한 우주의 시간 척도에서, 인간의 역사는 눈 깜짝할 사이에 불과합니다. 수십억 개의 은

하 속에서, 우리 행성은 티끌보다 작은 존재입니다. 이런 관점에서 보면, 우리가 그토록 중요하게 여기는 성공, 인정, 부, 명예가 얼마나 상대적인지 깨닫게 됩니다.

이런 '의미 없음'과 마주하는 것은 처음에는 두렵고 우울하게 느껴질 수 있습니다. "신은 죽었다"는 니체의 말처럼, 보편적인 의미의 원천이 사라진 세계에서 우리는 어떻게 살아가야 할까요? 이것이 실존주의 철학자들이 씨름했던 핵심 질문입니다.

카뮈는 이런 상황을 '부조리(absurd)'라고 불렀습니다. 의미를 갈망하는 인간과 침묵하는 우주 사이의 불일치. 그는 시지프스 신화를 통해 이런 부조리한 상황에서의 인간의 모습을 그렸습니다. 영원히 바위를 산 정상으로 밀어 올리는 시지프스처럼 우리도 궁극적인 목적 없이 보이는 삶의 과제들을 반복합니다.

하지만 여기서 중요한 도약이 있습니다. 카뮈는 "시지프스를 행복한 사람으로 상상해야 한다"고 말했습니다. 왜냐하면 의미 없음을 인식하는 순간, 우리는 역설적으로 자유를 얻게 되기 때문입니다. 미리 정해진 의미나 목적이 없다면, 우리 스스로 그것을 창조할 수 있는 자유를 갖게 됩니다.

이것이 바로 '의미 없음과의 화해'입니다. 그것은 패배주의가 아니라 오히려 인간 조건의 근본적 현실을 받아들이고, 그 현실 속에서 자신만의 의미를 창조해 나가기로 결단하는 것입니다. 빅터 프랭클은 "삶의 의미를 묻는 것은 체스판에 놓인 말이 체스의 의미를 묻는 것과 같다"고 했습니다. 게임 자체에는 본질적 의미가 없을지 모르지만 우리는 어떻게 게임을 플레이할지 선택할 수 있습니다.

우주적 관점에서 우리의 삶이 사소할지라도 우리가 경험하는 사랑, 아름다움, 연결, 성장, 도전은 그 자체로 가치 있습니다. 외부에서 주어지는 의미가 아니라 우리가 매 순간 창조하는 의미. 그것이 의미 없음과 화해하는 인간의 강인함과 존엄성입니다.

그러니 별이 빛나는 밤하늘을 올려다보며 자신이 작은 존재라는 생각이 들 때 두려움 대신 경이로움을 선택하세요. 그리고 그 광대한 우주 속에서, 오늘 당신이 창조하는 의미의 작은 불빛이 얼마나 아름다운지 기억하세요.

🌱 오늘의 계단 쌓기

앞으로 1년의 시간만 남았다고 상상하고, 지금 당장 시작하고 싶은 가장 중요한 일 세 가지를 적어보세요. 유한성을 인식하면 삶의 우선순위가 명확해집니다.

일상에서 기쁨을
발견하는 열쇠

"즐거움을 찾는다는 건
성장의 과정 자체에서 기쁨을 발견하는 지혜죠.
도달해야 할 목적지만이 아니라
걷고 있는 이 길 자체가 선물임을 깨닫는 순간입니다."

우리는 종종 성취와 기쁨을 분리합니다.

"이 프로젝트만 끝나면…"
"이 목표만 달성하면…"
"이 자격증만 따면 행복할 거야."

이렇게 생각하며 현재의 기쁨을 미래로 미루곤 합니다. 하지만 도착지에 이르렀을 때 잠시 만족감을 느끼다가 곧 다음 목표를 향해 달려가면서 다시 '언젠가'의 행복을 꿈꾸게 됩니다.

이것이 많은 현대인이 빠지는 함정입니다. 과정에서 기쁨을 놓치고, 결과에만 가치를 두는 것. 하지만 삶의 대부분은 '도착'이 아닌 '여정'으로 이루어져 있습니다. 만약 우리가 오직 목적지에서만 행복을 찾는다면, 삶의 대부분을 불만족 속에서 보내게 됩니다.

과정 자체에서 기쁨을 발견하는 것이 진정한 지혜입니다. 새로운 기술을 배울 때의 작은 진전, 책을 읽으며 펼쳐지는 새로운 세계, 운동 중에 느껴지는 몸의 생동감, 어려운 문제를 풀기 위해 고민하고 집중하는 시간, 이 모든 과정에는 우리가 놓치기 쉬운 미묘한 기쁨이 숨어 있습니다.

선(禪) 불교에는 '초심(初心)'이라는 개념이 있습니다. 초보자의 마음, 모든 것을 처음 보는 듯한 신선한 관점을 유지하는 것. 이런 태도는 일상에서 기쁨을 발견하는 열쇠가 됩니다. 수십 번 걸었던 길도 마치 처음 걷는 것처럼 관찰하고, 익숙한 작업도 새로운 각도에서 접근할 때 우리는 일상에 숨은 작은 경이로움을 발견하게 됩니다.

기쁨의 발견은 또한 현재에 온전히 존재하는 능력과 관련이 있습니다. 과거의 후회나 미래의 걱정에 사로잡혀 있을 때 우리는 지금 이 순간의 풍요로움을 놓치게 됩니다. 마음챙김(mindfulness)의 실천은 바로 이런 '현재성'을 키우는 훈련입니다.

성장의 과정에서 기쁨을 찾는다는 것은 완벽주의를 내려놓는 것이기도 합니다. 모든 단계가 완벽해야 한다는 압박감 대신 불완전함과 시행착오도 여정의 자연스러운 일부로 받아들일 때 우리는 더 자유롭게 배우고 성장할 수 있습니다.

아이러니하게도 과정에서 기쁨을 찾는 사람들이 더 좋은 결과를 얻습니다. 활동 자체를 즐기는 사람은 더 오래 지속하고, 더 깊이 몰입하며, 더 창의적으로 문제를 해결하기 때문입니다. 기쁨과 성취는 결국 분리된 것이 아니라 서로를 강화하는 관계입니다.

오늘, 당신이 하는 일의 과정에서 작은 기쁨을 발견해보세요. 아침 커피 한 잔의 향기, 일하는 손의 움직임, 글을 쓸 때 떠오르는 생각들, 타인과 나누는 대화의 리듬. 이런 작은 순간들이 모여 풍요로운 삶을 만듭니다. 목적지만 바라보느라 길 위의 꽃을 놓치지 마세요.

🌱 오늘의 계단 쌓기

하루 동안 감사했던 일 세 가지만 잠들기 전에 적어보세요. 거창한 일이 아니어도 좋습니다. 일상에서 긍정적인 면을 찾는 연습은 만족감을 높여줍니다.

3장

'그럼에도 불구하고'
계속하는 것

열정이 사그라든 후에도
계속하는 힘

"꾸준함이란
열정이 사그라들고 남은 의무감으로 버티는 시간,
습관이 되기 전의 그 고통스러운 시간을 견디는 일이죠."

시작은 언제나 쉽습니다. 새로운 목표를 세울 때의 그 흥분과 에너지, 변화에 대한 기대감은 우리에게 날개를 달아줍니다. 처음 몇 주는 마치 무엇이든 가능할 것 같은 착각에 빠집니다. 하지만 이내 현실이 찾아옵니다. 꾸준함이라는 무거운 짐과 함께 말입니다.

꾸준함의 진정한 시험은 열정이 사라진 후에 시작됩니다. 아침에 일어나 러닝화를 신는 일이 더 이상 설레지 않고, 외국어 학습 앱을 열 때 예전과 같은 호기심이 느껴지지 않으며, 글을 쓰는 시간이 영감의 춤이 아닌 고된 노동처럼 느껴질 때입니다.

이 지점에서 많은 사람들이 포기합니다. 자연스러운 일이죠. 우리의 뇌는 에너지를 보존하고 익숙한 패턴을 유지하도록 설계되어 있기 때문입니다. 새로운 행동 패턴이 자동화되기 전까지는 매 순간 의식적인 결정과 노력이 필요합니다.

연구에 따르면 새로운 습관이 형성되는 데 평균 66일이 걸린다고 합니다. 하지만 이는 단순한 습관의 경우이고, 복잡한 기술이나 행동 패턴은 훨씬 더 오랜 시간이 걸립니다. 이 '중간 지대'를 건너는 동안 우리는 즉각적인 보상 없이 계속해서 노력해야 합니다.

꾸준함의 무게를 견디는 것은 결국 자신과의 약속을 지키는 일입니다. 어제의 나와 내일의 나를 연결하는 다리를 놓는 작업입니다. 때로는 그날의 컨디션, 기분, 상황에 관계없이 약속한 일을 해내는 것을 의미합니다.

흥미로운 점은, 이 시간을 견뎌내면 어느 순간 무게가 가벼워진다는 것입니다. 의식적인 결정이 서서히 자동화되고, 의지력을 덜 필요로 하게 됩니다. 달리기가 일상이 되고, 글쓰기가 당연한 일과가 되며, 명상이 하루를 시작하는 자연스러운 의식이 되는 것처럼요.

꾸준함의 무게를 견디는 동안 작은 승리에 의미를 두는 법을 배우세요. 완벽하지 않아도 계속했다는 사실 자체에 가치를 두세요. 그리고 기억하세요. 모든 위대한 성취는 열정적인 순간들이 아닌 꾸준함의 무게를 견뎌낸 평범한 날들의 축적에서 비롯된다는 사실을 말입니다.

🌱 오늘의 계단 쌓기

하기 싫고 미루고 있는 일이 있다면, 타이머를 5분만 맞추고 그 시간 동안만이라도 시작해보세요. 일단 시작하면 관성이 붙어 계속하기가 훨씬 수월해집니다.

반복의 지루함 속에서
얻을 수 있는 것들

"반복의 시간,

수백 번 같은 동작을 하며 진보를 기다리는 과정이죠.

지루함이 찾아와도 계속하는 것,

그 고단함이 기술을 만든다는 믿음이 있기 때문이죠."

현대 사회는 우리에게 끊임없는 자극과 즉각적인 만족을 약속합니다. 스마트폰 한 번의 터치로 새로운 콘텐츠가 펼쳐지고, 빠른 편집과 화려한 효과로 지루할 틈을 주지 않습니다. 이런 환경에서 자란 우리는 반복과 지루함을 참기 어려운 고통으로 여기게 되었습니다.

하지만 역설적으로, 모든 위대한 기술과 전문성의 뒤에는 반복의 시간이 있습니다. 피아니스트가 같은 악절을 수백 번

연습하고, 화가가 같은 붓놀림을 천 번 반복하며, 운동선수가 같은 동작을 지겹도록 훈련하는 시간이 있어야 비로소 탁월함이 탄생합니다.

일본의 도예가 야나기 소에츠는 "같은 일을 천 번 하면 그제야 자신의 것이 된다"고 말했습니다. 이것이 바로 '숙달(mastery)'의 본질입니다. 겉으로 보기에는 단순한 반복이지만 그 안에서는 미세한 조정과 깊은 이해가 쌓여가고 있는 것입니다.

지루함과 동행한다는 것은 즉각적인 만족을 미루고, 깊이 있는 경험을 선택하는 것입니다. 그것은 우리 시대의 지배적인 문화, 끊임없이 새로운 자극을 추구하는 문화에 대한 일종의 저항입니다.

물론 이 동행은 쉽지 않습니다. 같은 동작을 반복할 때 우리의 마음은 종종 다른 곳으로 달아나려 합니다. 집중력이 흐트러지고 의문이 찾아옵니다.

"이걸 왜 하고 있지?"
"정말 발전하고 있는 걸까?"
"다른 방법은 없을까?"

이런 순간에 우리는 선택해야 합니다. 더 자극적인 무언가를 찾아 떠날 것인가, 아니면 지루함 속에 머물 것인가.

지루함 속에 머무는 용기를 가질 때 우리는 예상치 못한 보상을 발견합니다. 반복 속에서 미묘한 차이를 발견하는 예민한 감각, 작은 진전에 기뻐할 수 있는 겸손 그리고 무엇보다 자신의 한계를 넘어설 수 있는 인내와 회복력을 얻을 수 있습니다.

또, 현재에 온전히 존재하는 법을 배울 수 있습니다. 화려한 목표나 미래의 성취가 아닌 지금 이 순간의 행동에 의미를 두게 됩니다. 바로 이것이 장인 정신의 핵심이자 모든 심오한 기술 습득의 비밀입니다.

그러니 다음번에 지루함이 찾아올 때 그것을 적이 아닌 동료로 맞이해보세요. 그 고요한 반복의 시간 속에서, 당신의 기술과 인내는 조용히 그러나 확실히 성장하고 있을 테니까요.

🌱 오늘의 계단 쌓기

단순하고 반복적인 작업을 할 때 지루함을 피하려 하기보다 그 감각에 집중해보세요. 10분 정도 스마트폰 없이 그 작업에만 몰두하며, 어떤 생각이 드는지 관찰해보세요.

달릴 때와 멈출 때를
아는 지혜

"소진되어 간다는 건
열정이 천천히 재가 되어가는 것을 지켜보는 일이죠.
언제 멈춰야 할지, 언제 밀어붙여야 할지
알 수 없는 그 경계에서 고민하는 것입니다."

한때 밝게 타오르던 불꽃이 점점 약해지는 것을 본 적이 있나요? 처음에는 눈에 띄지 않습니다. 약간의 빛바램, 살짝 줄어든 온기. 하지만 어느 순간 문득 깨닫게 됩니다. 불꽃이 꺼져가고 있다는 것을.

소진(burnout)은 이와 비슷합니다. 처음에는 단순한 피로나 일시적인 의욕 저하 정도로 생각하고 넘어갑니다. 하지만 시간이 지날수록 그 징후는 더 뚜렷해집니다. 한때 열정적으로

임했던 일에 무감각해지고, 작은 과제도 산처럼 느껴지며, 성취에서도 기쁨을 느끼지 못하게 됩니다.

소진의 가장 어려운 점은 그 경계가 불분명하다는 것입니다. 정상적인 피로와 위험한 소진 사이의 선은 모호합니다. 우리는 끊임없이 자문합니다.

"이건 그냥 일시적인 슬럼프일까, 아니면 진짜 문제일까?"
"조금만 더 밀어붙이면 극복할 수 있을까, 아니면 멈춰야 할까?"

이 질문들이 더 어려워지는 이유는 우리 문화가 끊임없는 노력과 인내를 미덕으로 여기기 때문입니다. "포기하지 마", "한계를 넘어서라", "고통 없이 얻는 것은 없다" 같은 메시지에 둘러싸인 채 우리는 자신의 몸과 마음이 보내는 경고 신호를 무시하곤 합니다.

그러나 진정한 지혜는 언제 밀어붙이고 언제 물러설지 아는 것에 있습니다. 마라톤 선수가 레이스 중 페이스를 조절하듯 인생이라는 장거리 경주에서도 우리는 에너지를 관리할 줄 알아야 합니다.

소진의 경계에서 우리에게 필요한 것은 자기 인식(self-awareness)입니다. 자신의 몸과 마음이 보내는 미세한 신호들, 이를테면 만성적인 피로나 수면 패턴의 변화, 집중력 저하, 작은 일에도 쉽게 짜증이 나는 것에 주의를 기울이는 것이 중요합니다.

또한 우리는 쉼과 회복의 가치를 재평가해야 합니다. 쉼은 게으름이 아니라 지속 가능성을 위한 필수적인 투자입니다. 자연의 모든 시스템에는 활동과 휴식의 리듬이 있습니다. 계절이 바뀌고, 조수가 오르내리며, 심장도 수축과 이완을 반복합니다. 우리의 창의성과 생산성도 이런 자연의 리듬을 따를 때 가장 잘 유지됩니다.

소진의 경계에서 균형을 찾는 것은 평생의 학습 과제입니다. 그것은 자신의 한계를 존중하면서도 성장을 위해 그 한계를 조금씩 넓혀가는 미묘한 춤과 같습니다. 이 춤을 잘 추기 위해서는 자기 자신에 대한 정직함, 자신의 몸과 마음에 대한 친절함 그리고 무엇보다 완벽하지 않아도 괜찮다는 자기 수용이 필요합니다.

🌱 오늘의 계단 쌓기

피로와 무기력감이 심하다면, 오늘 하루 계획된 일 중 하나를 취소하거나 다른 사람에게 맡겨보세요. 전략적인 쉼은 장기적인 생산성을 위한 투자입니다.

성장의 정체기
'중간의 고원'에 이른 당신에게

"발전의 정체기에는
더 이상 나아가지 못하는 그 지점에 서 있는 느낌이죠.
처음의 가파른 성장이 멈추고 평평한 길을 걷는 것 같습니다."

새로운 기술이나 새로운 분야를 배울 때 초기에는 놀라운 속도로 발전합니다. 피아노를 처음 배우는 사람은 몇 주가 지나면 간단한 곡을 연주할 수 있고, 새로 언어 공부를 시작한 사람은 빠르게 기본 문장을 구사할 수 있습니다. 이 시기는 흥미진진합니다. 매일 새로운 것을 발견하고 눈에 보이는 진전을 경험하니까요.

하지만 어느 시점에 이르면, 이 가파른 상승 곡선이 완만해지기 시작합니다. 새로운 곡을 익히는 데 전보다 더 오랜 시간이 걸리고, 언어의 미묘한 뉘앙스를 이해하는 것이 점점 더 어려워지며, 운동 기록이 더 이상 쉽게 향상되지 않습니다. 이것이 바로 '중간의 고원' 또는 학습 심리학에서 말하는 '플래토(plateau)' 현상입니다.

이 고원에 도달했을 때 많은 사람이 좌절감을 느낍니다. "더 이상 발전하지 않는 것 같아", "한계에 도달한 건가?", "이대로 계속해야 할까?" 하는 의문이 들면서, 어떤 이들은 새로운 취미나 목표로 관심을 돌리기도 합니다.

하지만 이런 중간의 고원은 사실 모든 의미 있는 학습 과정의 자연스러운 일부입니다. 더 깊은 수준의 통합과 이해를 준비하는 시간입니다. 겉으로 보기에는 멈춰 선 것 같고 실패인 것 같지만 내면에서는 중요한 변화가 일어나고 있는 것입니다.

심리학자 안데르스 에릭손의 연구에 따르면, 전문성 개발은 흔히 'S자 곡선'의 형태를 띤다고 합니다. 처음에는 빠른 발전, 중간에는 정체기 그리고 다시 도약하는 패턴이죠. 그러므로 중간의 고원은 표면적인 기술이 더 깊은 이해와 직관으로 변환되는 중요한 시기입니다.

이 시기를 유익하게 보내기 위해서는 접근 방식을 바꿀 필요가 있습니다. 초점을 더 많이, 더 빨리 양적인 성장을 이루는 것에서 더 깊이, 더 섬세하게 질적인 성장을 이루는 것으로 전환하는 것이 도움이 됩니다. 작은 진전에도 의미를 두고 기본을 다시 점검하며, 때로는 완전히 다른 접근법을 시도해보는 것도 좋은 전략입니다.

중간의 고원은 또한 인내와 헌신을 시험하는 시간입니다. 진정으로 이 분야를 사랑하는지, 단지 빠른 성취에 매료되었던 것인지 구분하게 되죠. 많은 전문가가 이 시기를 극복한 경험이 그들의 전문성 발달에 결정적인 전환점이었다고 말합니다.

그러니 지금 중간의 고원에 서 있다면, 좌절의 시간이 아닌 변화와 깊이를 위한 준비 기간으로 바라보세요. 눈에 보이는 성과는 없을지라도 당신의 뿌리는 더 깊게 자라고 있습니다. 그리고 언젠가, 적절한 때가 오면, 그 깊은 뿌리를 바탕으로 다시 한번 놀라운 성장의 시간이 찾아올 것입니다.

🌱 오늘의 계단 쌓기

실력이 늘지 않는 정체기라고 느껴진다면, 목표를 아주 작게 세분화해서 딱 한 가지만이라도 달성해보세요. '책 한 권 읽기'가 아닌 '새로운 분야의 책 20페이지 읽기'처럼 말이죠.

성공의 지도를 완성하는
실패의 퍼즐 조각들

♦

"실패를 모은다는 건
언젠가 성공의 지도를 완성하기 위한 퍼즐 조각을 모으는 일이죠.
하지만 그 지도가 실제로 존재하는지는
확신할 수 없는 느낌이 들곤 하지요."

우리는 성공을 찬양하고 실패를 감추는 문화 속에 살고 있습니다. SNS에는 화려한 성취의 순간들이 가득하지만 그 뒤에 숨은 수많은 실패와 좌절은 보이지 않습니다. 그래서 우리는 자신의 실패를 이상하고 부끄러운 것으로 여깁니다.

하지만 성공 이전에는 보이지 않는 실패의 산이 있습니다. 실패를 모은다는 것은 마치 어둠 속에서 퍼즐을 맞추는 것과 같습니다. 각각의 실패는 하나의 조각이고, 그것들이 모여 성공의 지도를 완성하리라 믿지만 실제로 완성된 모습이 어떨지는 확신할 수 없습니다. 어쩌면 그 지도는 처음 상상했던 것과 완전히 다를 수도 있고, 아니면 예상치 못한 곳으로 우리를 인도할지도 모릅니다. 이런 불확실성이 실패를 더 두렵게 만듭니다.

"이 모든 시도가 정말 어딘가로 이어질까?"
"내가 맞는 방향으로 가고 있는 걸까?"
"이건 그냥 시간 낭비일 뿐일까?"

이런 의문들이 실패 후에 찾아와 우리를 괴롭힙니다.
그러나 실패의 진정한 가치는 단순히 성공에 도달하는 수단이 아니라 그 과정에서 우리가 배우는 교훈에 있습니다. 각각의 실패는 우리에게 무엇이 작동하지 않는지를 가르쳐주고, 우리의 가정을 시험하며, 우리를 더 강하고 현명하게 만듭니다.
실패를 모으는 과정에서 중요한 것은 그저 수동적으로 실패를 경험하는 것이 아니라 그를 통해 적극적으로 배우는 것입니다. 실패 후에 반성하고, 패턴을 찾고, 접근 방식을 조정하는 자세. 이것이 바로 '의도적 실패(deliberate failure)'의 개념입니다. 단순히 실패를 견디는 것이 아니라 실패를 학습과 성장의 도구로 활용하는 것이죠.

또한, 실패의 축적은 우리에게 회복력(resilience)을 가르쳐줍니다. 처음 몇 번의 실패는 견디기 어렵지만 시간이 지날수록 우리는 실패의 고통에 덜 반응하고, 더 빨리 회복하며, 다시 시도할 용기를 갖게 됩니다.

그러니 당신의 실패 컬렉션을 부끄러워하지 마세요. 당신이 도전하고 있다는 증거이며, 성장하고 있다는 표시입니다. 비록 그 퍼즐이 완성될지, 어떤 모습일지 확신할 수 없다 해도, 각각의 조각을 모으는 과정 자체가 가치 있는 여정임을 기억하세요.

🌱 오늘의 계단 쌓기

과거에 실패했던 경험 때문에 새로운 시도가 두렵다면, 그 실패 덕분에 얻은 새로운 기회나 다른 관점 등 긍정적인 변화를 찾아보세요.

가장 의미 있는 성장은
아무도 알아주지 않는 시간에 온다

"노력한다는 건
때로는 아무도 알아주지 않는 일이죠.
밤늦게 책상에 앉아 있는 나를 응원하는 건 오직 나뿐입니다."

우리는 대부분 성공의 순간만 목격합니다. 피아니스트가 무대 위에서 멋지게 연주하는 순간, 운동선수가 시상식에서 트로피를 받는 순간, 어느 작가의 책이 베스트셀러에 등극하는 순간. 이 영광의 순간 뒤에는 보이지 않는 수천 시간의 노력이 있습니다. 아무도 보지 않는 곳에서, 아무도 알아주지 않을 때 쏟아부은 그 시간들.

인정받지 못하는 노력의 시간은 외롭습니다. 아침 일찍 일어나 러닝화를 신고 비가 내리는 거리를 달릴 때 밤늦게까지 코드를 디버깅하며 눈이 충혈된 채로 앉아 있을 때 또는 모두가 잠든 집에서 논문의 마지막 문단을 수정할 때 우리는 종종 자문합니다.

"이게 정말 가치 있는 일일까?"

사회는 우리에게 결과와 인정을 갈망하도록 가르칩니다. '좋아요'를 받은 수, 팔로워 수, 상장, 칭찬. 이런 외부의 검증이 없을 때 우리는 종종 방향을 잃은 듯한 느낌을 받습니다. 특히 SNS 시대에는 모든 성취가 공유되고 축하받는 것이 당연하게 여겨지기에 보이지 않는 노력의 가치를 의심하기 쉽습니다.

하지만 역설적으로 가장 의미 있는 성장은 '보이지 않는 시간' 속에서 일어납니다. 마치 빙산의 90%가 물 아래 감춰져 있듯이, 진정한 숙련과 성취의 대부분은 남들의 눈에 보이지 않는 곳에서 형성됩니다.

인정받지 못하는 노력의 시간을 견디기 위해서는 내적 동기(intrinsic motivation)가 필요합니다. 외부의 박수가 아닌 활동 자체에서 오는 만족과 의미를 찾는 능력이 중요합니다. 연구에 따르면 내적 동기에서 비롯된 행동은 외적 보상에 의존하는 행동보다 더 지속적이고 만족스러운 결과를 가져옵니다.

또한 작은 승리(small wins)를 인식하고 축하하는 법을 배우는 것이 중요합니다. 완벽한 문단을 작성했을 때, 어려운 문제를 해결했을 때 또는 그저 계획대로 실천했을 때 스스로를 인정해주는 것. 이런 자기 인정은 외부의 검증 없이도 계속 나아갈 수 있는 힘을 줍니다.

인정받지 못하는 노력의 시간은 또한 우리의 진정성을 시험합니다. 정말 이 일을 사랑하는지, 아니면 단지 인정과 보상을 원하는 것인지 구분하게 되죠. 아무도 보지 않을 때도 최선을 다한다면 진정으로 그 일 자체를 소중히 여기는 것입니다.

그러니 오늘 밤, 당신이 홀로 책상에 앉아 노력하는 그 시간의 가치를 인정하세요. 그 순간을 소중히 여기세요. 비록 아무도 알아주지 않더라도 결코 헛된 시간이 아닙니다. 당신이 진정으로 원하는 것을 향해 꾸준히 나아가고 있다는 증거이며, 언젠가 꽃을 피울 씨앗을 심고 있는 소중한 순간입니다.

🌱 오늘의 계단 쌓기

남들이 알아주지 않는 노력을 하고 있다면, 그 자체로 작은 성과를 이루었다고 생각해보세요. 그리고 스스로에게 보상을 주세요.

우리를 만드는
습관의 역설

"처음엔 우리가 습관을 만들지만
의식적인 노력이 무의식적 자동성으로 전환되는
미묘한 경계를 지나
결국 습관이 우리를 만듭니다."

우리의 일상은 습관으로 이루어져 있습니다. 연구에 따르면 우리 행동의 40-50%가 의식적인 결정이 아닌 습관에 의해 이루어진다고 합니다. 아침에 눈을 뜨는 순간부터 잠자리에 들 때까지 우리는 수많은 자동화된 패턴에 따라 움직입니다.

습관의 진정한 마법은 의식적인 노력 없이도 복잡한 행동을 할 수 있게 해준다는 점입니다. 운전을 처음 배울 때는 동작 하나하나에 집중해야 하지만 시간이 지나면 복잡하게 생각하지 않아도 차를 몰 수 있습니다. 이런 자동화는 우리의 인지적 자원을 절약해, 더 중요한 일에 집중할 수 있게 해줍니다.

여기에 흥미로운 역설이 있습니다. 처음에는 우리가 의식적으로 습관을 형성하지만 일단 형성된 습관은 우리의 삶과 정체성을 형성합니다. 아리스토텔레스는 "우리는 한 번의 행동으로 성격이 만들어지는 것이 아니라 반복되는 행동으로 만들어진다"고 했습니다. 매일 글을 쓰는 사람은 작가가 되고, 규칙적으로 달리는 사람은 러너가 되며, 꾸준히 명상하는 사람은 더 마음이 단단한 사람이 됩니다.

습관 형성의 과학에 따르면, 모든 습관은 세 가지 요소로 구성됩니다.

신호(cue)

일상(routine)

보상(reward)

이 '습관 고리(habit loop)'를 이해하면, 우리는 의식적으로 새로운 습관을 설계하고 기존의 나쁜 습관을 변화시킬 수 있습니다.

새로운 습관을 형성하는 과정에서 중요한 것은 일관성입니다. 습관이 자리 잡기까지 의식적인 노력과 의지력을 투자해야 합니다.

처음에는 매일 의식적인 결정과 노력이 필요하지만 시간이 지남에 따라 점점 더 쉬워지다가 어느 순간 자동적으로 행동하는 '전환점'에 닿습니다. 전환점을 넘어서면, 습관을 유지하는 데 필요한 의지력이 크게 줄어듭니다.

습관의 또 다른 마법은 '복리 효과'입니다. 매일 조금씩 더 나아지는 것은 처음에는 눈에 띄지 않지만 시간이 누적되면서 그 효과는 기하급수적으로 커집니다. 1년 동안 매일 1%씩 향상된다면, 연말에는 37배 더 나아진 자신을 발견할 수 있습니다.

그러니 작은 습관의 힘을 과소평가하지 마세요. 당신이 매일 선택하는 작은 행동들이 모여 결국 당신의 삶과 정체성을 형성합니다. 아침에 일어나 첫 행동을 선택할 때 기억하세요. 오늘은 당신이 습관을 만들지만 내일은 그 습관이 당신을 만든다는 사실을 말입니다.

🌱 오늘의 계단 쌓기

새로운 습관을 들이고 싶다면, 그 행동을 하기 위한 환경을 미리 조성해두세요. 아침 운동을 원한다면 잠들기 전 운동복을 머리맡에 두고, 물을 많이 마시고 싶다면 책상 위에 물병을 두는 식입니다.

도파민 루프에서
헤어 나오는 법

"집중한다는 건
끊임없이 울리는 알림음과 유혹적인 스크롤 사이에서
자신의 목소리를 지켜내는 일이죠.
편리함과 깊이 사이에서의 저울질이 계속되는
현대적 딜레마라고 할 수 있지요."

이전 세대가 경험하지 못한 독특한 도전이 우리 앞에 놓여 있습니다. 스마트폰, 소셜 미디어, 무한한 콘텐츠의 세계로 이루어진 이 디지털 환경은 깊은 사고와 집중력이 필요한 활동들을 점점 더 어렵게 만들고 있습니다.

평균적으로 우리는 하루에 100번 이상 스마트폰을 확인하고, 알림이 울리면 평균 25초 이내에 반응한다고 합니다. 더 충격적인 사실은, 많은 사람이 디지털 기기를 확인하지 않고는 평균 10분 이상 집중하지 못한다는 것입니다.

이런 끊임없는 주의력 분산은 단순한 불편함 이상의 문제를 불러옵니다. 뇌과학 연구에 따르면, 깊은 작업(deep work) 중에 이메일이나 SNS 알림을 확인하고 다시 완전한 집중 상태로 돌아가는 데 평균 23분이 걸린다고 합니다. 이런 '전환 비용(switching cost)'이 쌓이면서 우리의 생산성과 창의성은 심각하게 저하됩니다.

더 근본적인 문제는 우리의 뇌가 변화하고 있다는 점입니다. 디지털 환경에 지속적으로 노출되면서 우리 뇌는 빠른 정보 처리와 신속한 전환에 익숙한 상태가 됐지만 깊은 집중과 복잡한 사고 능력은 감소했습니다.

디지털 산만함과의 싸움은 단순히 개인의 의지력 차원에서 다룰 부분이 아닙니다. 우리가 마주하고 있는 기술은 최고의 심리학자와 신경과학자들의 통찰을 활용해 우리의 주의력을 사로잡고 유지하도록 설계되었습니다. 빨간색의 알림 아이콘, 무한 스크롤, '좋아요' 수. 이 모든 것이 우리 뇌를 도파민 루프에 가두는 정교한 시스템의 일부입니다.

이 가운데서 어떻게 우리 자신을 지켜낼 수 있을까요? 첫 번째 단계는 인식입니다. 우리가 어떻게 주의력을 빼앗기고 있는지, 그것이 우리의 삶에 어떤 영향을 미치는지 이해하는 것이 중요합니다.

또한, 의도적인 경계 설정이 필요합니다. 알림을 끄고, 집중이 필요한 시간에는 방해 요소를 물리적으로 차단하며, 디지털 기기 사용에 시간 제한을 두는 것과 같은 전략들을 활용하는 것입니다.

디지털 미니멀리즘(digital minimalism) 원칙을 적용하는 것도 유용합니다. 모든 앱과 구독을 기본값으로 두고, 각각이 당신의 삶에 가져오는 가치를 엄격하게 평가해 정말 필요한 것만 유지하는 것입니다.

마지막으로, 깊은 집중력과 주의력을 기르는 연습이 필요합니다. 명상, 깊은 독서 또는 단일 작업에 완전히 몰입하는 시간을 의도적으로 갖는 것은 산만함에 저항하는 '인지적 근육'을 강화하는 데 도움이 됩니다.

디지털 산만함과의 싸움은 현대인이 피할 수 없는 도전이지만 의식적인 노력과 전략을 통해 우리는 기술의 혜택을 누리면서도 깊이 생각하고 창조하는 능력을 지켜낼 수 있습니다. 결국 중요한 것은 기술이 우리를 사용하도록 허용하는 것이 아니라 우리가 기술을 의식적으로 사용해야 한다는 것입니다.

🌱 오늘의 계단 쌓기

중요한 일을 시작하기 전에, 90분 동안 스마트폰의 모든 알림을 끄거나 방해금지 모드를 설정하세요. 집중할 수 있는 환경을 만드는 것이 의지력보다 효과적입니다.

4장

나만의 방식으로
유연하게 나아가는 것

균형이라는 과제,
선택이라는 줄타기

"균형을 찾는다는 건
발전과 휴식, 야망과 만족 사이에서 줄타기를 하는 느낌이죠.
한쪽으로 너무 기울면 떨어질 것 같은 불안이 따라옵니다."

균형은 현대 사회에서 가장 많이 언급되면서도 가장 달성하기 어려운 목표입니다. 우리는 끊임없이 '일과 삶의 균형', '건강한 균형', '정서적 균형'을 추구하지만 그것은 마치 바람 부는 날 외줄 위에서 균형을 잡으려는 것처럼 어렵게 느껴집니다.

균형의 본질적인 어려움은 그것이 고정된 상태가 아니라 끊임없는 조정의 과정이라는 점에 있습니다. 마치 자전거를 타는 것처럼 계속해서 미세한 움직임을 통해 조정해야 하고, 때로는 크게 방향을 전환해야 합니다.

현대 사회는 이런 균형 잡기를 더욱 어렵게 만듭니다. 한편으로는 끊임없는 성장, 더 많은 성취, 더 높은 생산성을 요구하면서 다른 한편으로는 마음 챙김, 자기 돌봄, 웰빙의 중요성을 강조합니다.

이런 상충하는 메시지 속에서는 혼란을 느끼고, 한쪽으로 치우치기 쉽습니다. 성장에만 초점을 맞추면 어느 순간 지쳐 버릴 위험이 있고, 편안함에만 집중하면 정체와 후회의 감정이 찾아옵니다. 야망을 좇다 보면 현재의 만족을 놓치기 쉽고, 현재에만 안주하면 미래의 가능성이 제한됩니다. 이런 양극단 사이에서 적절한 지점을 찾는 것은 결코 쉬운 일이 아닙니다.

균형을 찾는 여정에서 주목해야 할 점은, 완벽한 균형이란 환상일 수 있다는 것입니다. 삶의 모든 영역에서 동시에 균형을 이루기란 거의 불가능합니다. 대신 '리듬'의 개념을 고려할 수 있습니다. 계절이 바뀌듯 우리 삶에도 집중과 휴식, 성장과 통합, 연결과 고립의 시기가 번갈아 찾아옵니다. 진정한 균형은 이런 삶의 리듬을 인식하고, 각 시기가 갖는 고유한 가치를 존중하는 것이 아닐까요?

때로는 프로젝트에 깊이 몰입하는 시간이 필요하고, 때로는 완전한 휴식과 재충전의 시간이 필요합니다. 두 상태 모두 그 자체로 귀중하며, 지속 가능한 삶을 위해 필수적입니다.

균형의 어려움을 이해한다는 것은 또한 자신의 한계와 우선순위를 명확히 하는 것을 의미합니다. 모든 것을 다 할 수는 없으며, 모든 기회를 잡을 수도 없습니다. 우리는 선택해야 하고, 그 선택에 따른 결과를 받아들여야 합니다.

그러니 균형을 잡으려다 불안함을 느낄 때 기억하세요. 그 불안함은 실패의 신호가 아니라 오히려 당신이 살아 있고, 성장하고, 끊임없이 조정하며 진화하고 있다는 증거일 수 있습니다. 완벽한 균형을 찾는 것이 아니라 균형을 찾아가는 과정 자체에 의미를 두세요.

🌱 오늘의 계단 쌓기

삶의 균형이 무너졌다는 생각이 들 때 건강, 관계, 휴식 중 오늘 당신이 가장 소홀했던 영역을 위해 30분 이상의 시간을 사용해보세요.

선택의 순간에
나침반이 되어줄 지표들

"선택의 순간,
더 편한 길과 더 의미 있는 길 사이에서 망설이는 시간이죠.
쉬운 길이 언제나 더 선명하게 보이는 느낌이 들곤 하지요."

인생은 선택의 연속입니다. 매일 아침 일어나는 순간부터 잠자리에 들 때까지, 우리는 크고 작은 수많은 결정을 내립니다. 대부분은 거의 무의식적으로 이루어지지만 때때로 명확하게 두 갈래로 갈라진 길 앞에서 깊은 고민에 빠지게 됩니다.

하나는 익숙하고, 안전하며, 즉각적인 편안함을 제공하는 길입니다. 다른 하나는 불확실하고, 도전적이지만 더 깊은 의미와 성장의 가능성을 품고 있는 길이죠.

인간의 뇌는 본능적으로 편안함과 확실성을 추구하도록 설계되어 있습니다. 생존을 위한 메커니즘이죠. 그래서 쉬운 길은 더 밝고 선명하게 보입니다. 그 길의 모든 이점과 안전함이 뚜렷하게 느껴집니다. 반면 도전적인 길은 안개에 휩싸인 듯 불분명하고 위험해 보입니다.

로버트 프로스트는 시 '가지 않은 길'에 "나는 덜 다닌 길을 택했고, 그것이 모든 것을 달라지게 했다"고 썼습니다. 이 구절이 많은 이의 마음을 울리는 이유는, 우리 모두가 내면 깊은 곳에서 의미 있는 선택이 주는 변화의 가능성을 알고 있기 때문입니다.

선택의 기로에서 가장 어려운 점은 결과를 미리 알 수 없다는 것입니다. 우리는 마치 어두운 방에서 손을 뻗는 것처럼, 불완전한 정보와 불확실한 미래 속에서 선택해야 합니다. 그래서 선택은 항상 일정한 두려움과 불안을 동반합니다.

하지만 이런 불확실성이야말로 선택의 가치를 높여줍니다. 확실히 알 수 있는 것은 없지만 그럼에도 선택하고 행동하는 용기는 우리의 삶에 주체성과 의미를 부여합니다. "삶은 앞을 향해 살아가야 하지만 뒤돌아보며 이해하게 된다"는 철학자 키에르케고르의 말처럼요.

선택의 기로에서 도움이 되는 한 가지는 '핵심 가치'에 초점을 맞추는 것입니다. 단기적인 편안함이나 즉각적인 이득보다 장기적으로 당신이 중요하게 생각하는 가치와 일치하는 선택이 무엇인지 고민해보세요. 성장, 진실성, 용기, 연결, 자유. 이런 가치들은 어려운 결정의 순간에 나침반이 되어줄 수 있습니다.

또한, 모든 선택에서 완벽한 선택이란 없으며, 모든 결정에는 장단점이 공존한다는 사실을 받아들이는 것이 중요합니다. 하나의 길을 선택하면 다른 길은 포기해야 합니다. 이런 현실을 유연하게 바라볼 때 우리는 결정의 무게에 짓눌리지 않고 더 평온하게 선택할 수 있습니다.

선택의 기로에 서 있다면, 그것은 자신의 삶을 주체적으로 이끌어가고 있다는 증거입니다. 쉬운 길이 더 선명하게 보이더라도 가끔은 희미하게 보이는 길이 당신을 더 밝은 곳으로 인도할 수 있음을 기억하세요.

🌱 오늘의 계단 쌓기

두 가지 선택지 사이에서 고민된다면, 각각의 장단점을 적어 보는 전통적인 방법을 활용해보세요. 머릿속 생각을 시각적으로 정리하면 결정에 큰 도움이 됩니다.

무언가를 포기해야 하는
순간도 온다

"우선순위를 정한다는 건 무언가를 포기한다는 의미죠.
성장을 위해 다른 즐거움들을 미뤄둘 때
아쉬움과 회의감이 뒤따릅니다."

세상은 무한한 가능성으로 가득 차 있습니다. 배울 수 있는 기술, 방문할 수 있는 장소, 경험할 수 있는 체험, 쌓을 수 있는 관계… 그러나 우리의 시간과 에너지는 한정되어 있습니다. 이것이 우선순위의 본질적인 딜레마입니다. 모든 것을 할 수는 없기에, 무엇을 우선시할 것인지 선택해야 합니다.

우선순위를 정한다는 것은 결국 "예"와 "아니오"의 문제입니다. 한 가지에 "예"라고 말할 때 자동적으로 다른 많은 것에는

"아니오"라고 말하는 셈입니다. 새로운 기술을 배우기 위해 시간을 투자한다면, 친구들과 어울릴 시간이 줄어들 수 있습니다. 커리어에 집중한다면, 취미나 여가 활동에 쓸 시간이 제한될 수 있습니다. 한 관계에 깊이 투자하면, 다른 관계들은 필연적으로 우선순위에서 밀려납니다.

이런 선택의 순간에서 우리는 '기회비용(opportunity cost)'을 경험합니다. 선택하지 않은 것에 대한 아쉬움, 놓친 가능성에 대한 회의감 같은 것들이 생겨납니다. 특히 소셜 미디어가 다른 이들의 삶의 하이라이트를 끊임없이 보여주는 오늘날, 이런 감정은 더욱 증폭됩니다.

"저 사람은 어떻게 모든 것을 다 할 수 있지?"
"내 선택이 정말 옳은 걸까?"

이런 의문이 꼬리를 물기도 합니다. 그러나 역설적으로, 진정한 자유는 모든 것을 다 하는 데 있지 않고, 의식적으로 선택하고 그 선택의 결과를 받아들이는 데 있습니다. 철학자 장 폴 사르트르는 "우리는 선택하도록 선고받았다"고 말했습니다. 선택을 피할 수 없다면, 적어도 그 선택이 우리의 진정한 가치와 열망을 반영하도록 할 수 있습니다.

효과적인 우선순위 설정은 단순한 시간 관리 이상의 문제입니다. 그것은 자기 이해와 가치가 얼마나 명확한가에 관한 문제입니다.

"내게 정말 중요한 것은 무엇인가?"
"10년 후에 돌아봤을 때 무엇이 의미 있었을까?"
"내 고유한 재능과 열정은 무엇인가?"

이런 깊은 질문들이 우리의 우선순위를 형성하는 토대가 됩니다.

또한 우선순위는 고정된 것이 아니라 삶의 단계와 상황에 따라 변화한다는 점을 이해하는 것이 중요합니다. 20대의 우선순위는 40대나 60대와 다를 수 있으며, 이는 자연스럽고 건강한 것입니다. 우선순위를 주기적으로 재평가하고, 현재의 상황과 삶의 단계에 맞게 조정할 필요가 있습니다.

우선순위를 정하는 것은 아쉬움과 회의감을 동반하지만 깊은 만족과 의미의 원천이 될 수 있습니다. 모든 것을 얕게 경험하는 것보다 몇 가지를 깊이 있게 추구할 때 우리는 더 풍요로운 삶을 경험할 수 있습니다.

그러니 다음에 우선순위를 정하며 아쉬움을 느낄 때 그것을 제한이 아닌 선택의 힘으로 바라보세요. 당신이 "아니오" 혹은 "나중에"라고 말하는 것들은, 당신이 진정으로 "예"라고 말하는 것들에 더 깊이 헌신할 수 있도록 여유 공간을 만들어 줍니다.

오늘의 계단 쌓기

해야 할 일이 너무 많다고 느껴진다면, 가장 중요한 일 세 가지만 남기고 나머지는 내일로 미루거나 덜 중요하게 처리하겠다고 결정해보세요. 어떤 것은 포기해도 됩니다. 그러한 포기가 실패는 아닙니다. 모든 것을 완벽하게 할 수는 없습니다. 너무 자신을 몰아세우려고만 하지 마세요.

'어떻게 시간을 쓸 것인가'
인생의 난제를 대하는 마음가짐

"시간을 투자한다는 건
현재의 즐거움을 미래의 약속과 바꾸는 일이죠.
그 약속이 지켜질지는 아무도 모르는데 말이에요."

우리에게 주어진 가장 귀중한 자원은 시간입니다. 돈은 잃었다가 다시 벌 수 있고, 물건은 망가져도 수리할 수 있지만 한번 흘러간 시간은 결코 돌아오지 않습니다. 그렇기에 '시간을 투자한다'는 개념은 특별한 의미를 갖습니다.

투자란 본질적으로 현재의 자원을 미래의 이득을 위해 사용하는 것입니다. 주식에 돈을 투자하듯 우리는 새로운 기술을 배우고, 관계를 발전시키고, 건강을 관리하기 위해 시간을 투자합니다. 이런 투자는 즉각적인 만족을 지연시키기도 합니다. TV 시청이나 소셜 미디어 스크롤링의 즐거움 대신 당장은 힘들고 지루할 수 있는 활동에 시간을 할애하는 것입니다.

여기서 근본적인 불확실성이 발생합니다. 모든 시간 투자가 성공적인 결과로 이어지지는 않기 때문입니다. 열심히 공부한 분야가 갑자기 쓸모없어질 수도 있고, 건강을 위해 열심히 관리했으나 질병에 걸릴 수도 있으며, 관계를 위해 쏟은 노력이 항상 상응하는 보답을 가져오지는 않습니다.

이런 불확실성으로 인해 우리는 두 가지 극단을 사이에 두고 고민합니다. 한편으로는 "내일은 내일의 태양이 뜬다"는 태도로 미래에 대한 걱정 없이 현재의 즐거움에만 집중하고, 다른 한편으로는 "나중에 은퇴하면 그때 즐기자"는 태도로 현재의 만족을 계속해서 미루며 미래만을 위해 살아갑니다.

시간의 투자에 대한 더 균형 잡힌 시각은, 그것을 단순한 지연된 만족이 아닌 '복합적인 경험'으로 보는 것일 수 있습니다. 미래를 위한 투자가 현재에도 의미와 만족을 줄 수 있다는 관점입니다.

예를 들어, 악기를 배우는 데 시간을 투자하는 것은 언젠가 멋진 연주자가 되기 위한 것이기도 하지만 배움의 과정 자체에서 오는 기쁨, 작은 진전에서 느끼는 성취감, 음악과 연결되는 경험 등 현재의 보상도 제공합니다.

시간을 어떻게 쓸지 결정할 때 '포트폴리오' 접근법을 활용하면 좋습니다. 금융 투자자들이 다양한 자산에 투자하듯 우리도 시간을 다양한 영역, 건강, 관계, 커리어, 취미, 학습, 휴식 등에 분산 투자할 필요가 있습니다. 이렇게 하면 한 영역에서의 실패나 불확실성이 전체 삶의 만족도에 미치는 영향을 줄일 수 있습니다.

시간 투자의 불확실성을 받아들이면 그것은 더는 두려움의 원천이 아니라 오히려 삶의 선택에 깊은 의미를 부여할 수 있는 동력이 됩니다. 결과가 보장되지 않음에도 우리가 특정한 방식으로 시간을 투자하기로 선택한다는 것은, 그 선택이 결과와 상관없이 우리에게 가치 있다고 믿는다는 뜻입니다.

그러니 다음에 시간 투자의 불확실성에 대해 고민할 때 기억하세요. 중요한 것은 단순히 목적지가 아니라 여정 자체일 수 있습니다. 그리고 그 여정에 의미와 기쁨을 어떻게 통합할 것인가는 우리 각자의 선택에 달려 있습니다.

🌱 오늘의 계단 쌓기

잠들기 전 오늘 가장 많은 시간을 쓴 활동 세 가지를 적어보세요. 그리고 그 시간이 당신의 장기적인 목표에 부합하는 것이었는지 스스로 점검해보세요.

자책과 성찰의 차이점을 아는 것이
삶의 태도를 바꾼다

"자기 연민, 때로는 필요한 휴식이지만

때로는 성장을 막는 장벽이 되는 경계에서의 줄타기죠.

자신을 몰아붙이는 것과 봐주는 것 사이에서의

미묘한 균형 잡기가 필요합니다."

자기 자신을 어떻게 대할 것인가는 우리가 마주하는 미묘한 도전 중 하나입니다. 한편으로는 우리 자신에게 너무 가혹할 수 있습니다. 높은 기준을 세우고, 실패에 대해 가차 없이 비판하며, 쉬는 것을 게으름이라 여기는 것처럼요. 다른 한편으로는 자기 연민에 빠져 도전을 회피하고, 실패를 정당화하며, 편안함만 추구할 수도 있습니다.

자기 연민(self-compassion)은 본질적으로 자신을 친절하게 대하는 능력입니다. 그것은 자신의 고통, 불완전함, 실패를 판단 없이 인식하고, 이러한 경험이 보편적인 인간 조건의 일부라는 것을 이해하는 태도입니다. 심리학자 크리스틴 네프는 자기 연민이 자기 효능감, 정서적 회복력, 웰빙과 강한 상관관계가 있다는 것을 발견했습니다.

때때로 자기 연민은 오해를 받습니다. 많은 사람이 자기 연민을 나약함이나 자기 합리화 또는 노력을 포기하는 것으로 오해합니다. "내가 너무 자신을 봐주면, 게으르고 무책임해질 거야"라는 두려움이 생기는 것입니다. 이런 오해 때문에 우리는 스스로에게 훨씬 더 가혹합니다.

자기 연민의 함정은 그것이 자기 연민의 가면을 쓴 회피나 체념일 때 발생합니다.

"난 이런 사람이니까 어쩔 수 없어."
"이건 내 성격이야."
"난 원래 이런 일에 소질이 없어."

이러한 생각들은 자기 연민이 아니라 성장의 가능성을 부정하는 고정 마인드셋의 표현입니다.

건강한 자기 연민은 실패와 불완전함을 인정하면서도, 동시에 성장과 개선의 가능성을 열어둡니다. 그것은 "지금 내가 어려움을 겪고 있구나. 이건 인간으로서 자연스러운 경험이야. 어떻게 하면 이 상황에서 배우고 더 나아질 수 있을까?"와 같은 태도를 포함합니다.

자기 연민과 자기 단련 사이에서 균형을 찾을 때는, 정직한 자기 인식과 자신의 패턴과 경향성을 파악하는 능력, 상황에 맞게 접근 방식을 조정하는 유연성이 필요합니다.

여기에 도움이 되는 한 가지 방법은 '현명한 친구' 관점을 취하는 것입니다. 가장 현명하고 다정한 친구가 당신에게 조언을 한다면 어떤 말을 할까요? 그들은 아마도 당신을 격려하고 위로하면서도, 동시에 당신이 성장하고 발전할 수 있는 방향을 제시할 것입니다.

또 다른 방법은 자기 대화의 톤에 주의를 기울이는 것입니다. 자신에게 말하는 방식이 너무 가혹하고 비판적인지, 아니면 너무 관대하고 회피적인지 살펴보세요. 균형 잡힌 자기 대화는 현실을 인정하면서도 희망과 가능성을 포함합니다.

자기 연민의 함정을 피하며 진정한 자기 돌봄과 성장의 균형을 찾는 것은 평생해야 하는 연습입니다. 이 균형을 찾을 때 우리는 더 건강하고, 더 회복력 있으며, 더 진실한 삶을 살 수 있게 됩니다.

🌱 오늘의 계단 쌓기

실수 때문에 자책하고 있다면, 잠시 멈추고 "이 경험을 통해 무엇을 배울 수 있지?"라고 스스로에게 질문해보세요. 자책을 성찰로 바꾸는 것이 건강한 자기 연민입니다.

몸 또한 마음처럼
자주 살피고 돌봐야 한다

"몸을 돌본다는 건 정신적 성장의 기반을 닦는 일이죠.
생각의 선명함이 신체의 건강함에서
비롯한다는 걸 잊고 지내다가
문득 깨닫는 순간, 깜짝 놀라곤 하지요."

서양 철학은 오랫동안 심신이원론(mind-body dualism)의 영향 아래 있었습니다. 데카르트의 "나는 생각한다, 고로 존재한다"라는 명제는 정신을 신체보다 우위에 두는 사고방식을 강화했죠. 그 결과, 우리는 신체를 단순히 정신을 담는 그릇으로 여기거나 심지어 정신적, 지적 성장을 방해하는 장애물로 간주하기도 합니다.

최근 수십 년간의 연구는 이런 이분법적 사고가 얼마나 잘

못되었는지 보여주고 있습니다. 신체와 정신은 끊임없이 서로에게 영향을 미치는 통합된 시스템입니다. 신경과학, 심리학, 면역학 등 다양한 분야의 연구는 이 연결의 깊이와 복잡성을 점점 더 분명하게 말해주고 있습니다.

가장 기본적인 수준에서 우리의 뇌는 신체의 일부입니다. 뇌도 다른 장기와 마찬가지로 영양소, 산소, 휴식이 필요하며, 신체의 상태에 직접적인 영향을 받습니다. 운동은 뇌에 혈류를 증가시키고 신경 성장 인자를 자극하며, 적절한 수면은 기억 통합과 인지 기능에 필수적이고, 영양가 있는 식사는 뇌의 구조와 기능을 지원합니다.

더 나아가 우리의 신체 상태는 직접적으로 정신 상태에 영향을 미칩니다. 배고픔, 피로, 통증은 집중력과 의사결정 능력을 저하시키고, 반대로 신체적 활동 후의 상쾌함, 충분한 휴식 후의 맑은 정신은 창의성과 문제 해결 능력을 향상시킵니다.

이런 경험이 누구나 한 번씩은 있을 겁니다. 며칠 동안 불규칙한 식사와 부족한 수면을 견디다가 적절히 먹고 푹 쉰 후 갑자기 정신이 맑아지거나 활기찬 산책을 한 후 머릿속 생각들이 정리되는 경험 말입니다.

특히 자기 계발과 성장을 추구하는 과정에서 이런 신체와 정신의 연결을 인식하는 것은 매우 중요합니다. 많은 사람이 정신적 성장을 위해 신체적 필요를 희생합니다. 밤을 새워 공부하고, 식사를 거르며 일하고, 운동할 시간을 학습이나 일에 투자하는 식으로요. 하지만 이런 접근은 장기적으로 역효과를 낳습니다. 신체를 돌보지 않으면, 결국 정신적 성장도 제한됩니다.

반면 신체를 적절히 돌볼 때 우리는 더 선명하게 생각하고, 감정을 더 잘 조절하며, 스트레스에 더 효과적으로 대응할 수 있습니다. 이는 또한 장기적인 인지 건강을 지원하여, 나이가 들어서도 정신적 예리함을 유지하는 데 도움이 됩니다.

신체와 정신의 연결을 존중하는 것은 결국 전체론적인 자기 돌봄의 관점을 채택하는 것을 의미합니다. 적절한 영양, 규칙적인 신체 활동, 충분한 수면, 스트레스 관리를 정신적 성장과 동등하게 중요한 우선순위로 인식하는 것입니다.

그러니 다음에 중요한 프로젝트나 학습을 위해 신체의 필요를 무시하려는 유혹을 느낄 때 잠시 멈추고 생각해보세요. 몸을 돌보는 시간은 결코 낭비가 아니라 오히려 더 선명하고 창의적인 생각, 더 효과적인 학습 그리고 결국 더 지속 가능한 성장을 위한 필수적인 투자임을 기억하세요.

🌱 오늘의 계단 쌓기

정신적으로 피로할 때 억지로 집중하려 하지 말고 5분간 일어나서 몸을 움직여 주세요. 간단한 스트레칭이나 제자리 걷기만으로도 뇌에 활력을 줄 수 있습니다.

5장

타인과의 공명으로
세계를 넓혀가는 것

타인의 성공에서
성찰과 동기 부여를 얻는다

"남의 성공을 마주한다는 건
자신의 걸음이 너무 느리게 느껴지는 순간이죠.
'왜 나는 아직 여기에 있지?'라고 자문하게 됩니다."

소셜 미디어의 시대에 우리는 그 어느 때보다 다른 사람들의 성공에 노출되어 있습니다. 매일 피드를 스크롤하며 승진 소식, 새집 구매, 꿈의 여행, 행복한 관계, 인상적인 성취들의 물결에 둘러싸입니다. 물론 이런 하이라이트 릴(highlight reel)은 대개 현실의 부분적인 모습일 뿐이지만 그럼에도 불구하고 우리에게 깊은 영향을 미칩니다.

타인의 성공을 마주할 때 우리는 종종 복잡한 감정의 혼합을 경험합니다. 우선 진심으로 기쁘고 축하해주고 싶은 마음이 있습니다. 그리고 비교, 열등감, 때로는 질투의 감정이 찾아옵니다.

"저 사람은 어떻게 저렇게 빨리 성공했을까?"
"나는 뭔가 잘못하고 있는 걸까?"
"나도 저렇게 될 수 있을까?"

이런 반응이 일어나는 것은 자연스럽습니다. 인간은 본능적으로 자신을 다른 사람과 비교하도록 프로그래밍되어 있으며, 이는 원시 시대부터 생존과 관련된 메커니즘이었습니다. 문제는 비교 자체가 아니라 그것이 우리의 자존감과 행복에 미치는 영향 그리고 우리가 그것에 어떻게 반응하느냐에 있습니다.

타인의 성공에 건강하게 반응하는 첫 번째 단계는 자신의 감정을 인정하는 것입니다. 질투나 불안을 느끼는 것은 부끄러운 일이 아니며, 이런 감정을 억압하거나 부정하는 것은 오히려 그 영향력을 강화시킬 수 있습니다.

두 번째로, 인생이 경주가 아니라는 것을 상기하는 것이 중요합니다. 성공은 상대적이며, 각자의 출발점, 자원, 환경, 목표가 다릅니다. 다른 사람의 챕터 5장과 자신의 챕터 2장을 비교하는 것은 불공정합니다. 또, 다른 사람의 성공 뒤에 숨겨진 실패, 고난, 특권, 운과 같은 보이지 않는 요소들을 간과하기 쉽다는 점도 기억해야 합니다.

타인의 성공을 생산적인 관점에서 바라본다면, 학습과 영감의 기회로 삼을 수 있습니다. 성공한 사람들의 여정, 전략, 마인드셋에서 배울 점이 있는지 살펴보세요. 동시에 그들의 성공이 당신에게 중요한 것인지, 아니면 단순히 사회적 기대나 압력 때문에 추구하고 있는 것인지 자문해보세요.

또한, 비교의 대상을 외부에서 내부로 전환하는 것이 도움이 됩니다. 다른 사람과 자신을 비교하는 대신 과거의 자신과 현재의 자신을 비교해보세요. 당신은 어떻게 성장했나요? 어떤 어려움을 극복했나요? 어떤 교훈을 배웠나요? 이런 내적 비교는 자기 인식과 성장을 촉진하면서도, 외적 비교가 야기하는 부정적 감정을 줄여줍니다.

마지막으로, 풍요로운 마인드셋(abundance mindset)을 개발하는 것이 중요합니다. 성공은 제로섬 게임이 아닙니다. 다른 사람이 성공했다고 당신의 성공 가능성이 줄어드는 것이 아닙니다. 오히려 모두가 성공을 이루는 더 큰 생태계를 조성할 수 있습니다.

타인의 성공을 마주하는 것은 항상 쉬운 일은 아니지만 그것을 자기 성찰, 동기 부여 그리고 진정한 축하의 기회로 전환할 때 우리는 더 만족스럽고 의미 있는 성공의 여정을 걸어갈 수 있을 것입니다.

🌱 오늘의 계단 쌓기

다른 사람의 성공 때문에 조급한 마음이 든다면, 당신이 가진 고유한 강점이나 지금까지 이룬 성취 세 가지를 적어보세요. 자신의 길에 집중하는 것이 중요합니다.

비교가
덫이 되는 이유

"비교한다는 건
자신만의 여정을 걷고 있으면서도
남의 지도를 들여다보는 일이죠.
남과 같은 속도로 걷지 않는다고 자책하게 되기도 합니다."

비교는 인간의 본능입니다. 어린 시절부터 우리는 다른 사람들과 비교하며 세상을 이해하고 자신의 위치를 파악해왔습니다. 비교는 발전의 계기를 마련해주고, 동기 부여와 성장의 원천이 되어주기도 합니다. 하지만 자칫 과해질 때는 끝없는 불만족과 자기 의심의 덫에 빠져버리고 맙니다.

소셜 미디어의 시대는 이런 비교의 덫을 더욱 깊이, 널리 퍼뜨렸습니다. 이제 우리는 단지 주변 사람들뿐만 아니라 전 세계 수백, 수천 명의 '큐레이션된 삶'을 끊임없이 목격합니다. 이런 환경에서 자신의 평범한 일상, 진행 중인 과정, 지금의 현실이 부족하게 느껴지는 것은 당연합니다.

비교가 덫이 되는 이유는 대개 불공정한 조건에서 이루어지기 때문입니다. 타인의 하이라이트 릴과 자신의 비하인드 씬(Behind the Scenes)을 비교하고, 다른 사람의 결과물과 자신의 과정을 비교합니다. 완전히 다른 상황, 자원, 기회를 가진 사람들과 자신을 비교합니다.

또한 비교는 제로섬 게임의 관점을 강화합니다. 마치 성공의 양이 한정되어 있어서 타인의 성취가 나의 가능성을 줄인다는 착각에 빠지는 것입니다. 이런 시각은 협력보다 경쟁을, 풍요로움보다 부족함을 강조하며, 우리의 행복과 만족감을 잠식합니다.

비교의 덫에서 벗어나는 첫 번째 단계는 자신만의 고유한 여정을 인식하고 존중하는 것입니다. 우리는 각자 다른 출발점, 다른 도전, 다른 강점과 약점, 다른 목표를 가지고 있습니다. 다른 사람의 지도가 당신의 지형에는 맞지 않을 수 있으며, 그것은 지극히 정상적인 일입니다.

두 번째로, 비교의 초점을 외부에서 내부로 전환하는 것이 중요합니다. 타인과의 비교 대신 어제의 자신과 오늘의 자신을 비교해보세요. 당신은 어떻게 성장했나요? 어떤 어려움을 극복했나요? 어떤 새로운 통찰을 얻었나요? 이런 내적 비교는 자기 인식과 성장을 촉진하면서도, 불필요한 경쟁과 자기 비하의 덫을 피할 수 있게 해줍니다.

더 나아가 타인의 성취에 대한 반응을 경쟁적 감정에서 진정한 축하와 영감으로 전환하는 연습을 할 수 있습니다. 다른 사람의 성공이 부럽다면, 그것은 당신이 진정으로 가치를 두는 것이 무엇인지를 보여주는 신호일 수 있습니다. 이를 자신의 목표와 가치를 명확히 하는 기회로 삼아보세요.

마지막으로, 감사하는 마음이 비교의 덫에서 벗어나는 강력한 도구가 될 수 있습니다. 당신이 이미 가진 것, 이미 성취한 것 그리고 당신만의 고유한 강점과 기회에 집중할 때 부족함이 아닌 풍요로움의 관점에서 세상을 바라볼 수 있게 됩니다.

마크 트웨인은 "비교는 기쁨의 도둑"이라고 말했습니다. 비교의 덫에서 벗어날 때 우리는 자신만의 고유한 여정에서 더 많은 기쁨과 평화, 진정한 성취를 경험할 수 있을 것입니다.

🌱 오늘의 계단 쌓기

SNS를 보며 비교하는 마음이 들 때 "이것은 그 사람의 삶에서 하이라이트를 편집한 것뿐이다"라고 스스로에게 상기해주세요. 보이는 것과 현실은 다르다는 것을 인지하는 연습이 필요합니다. 정신 승리가 아닙니다. 그것이 사실입니다.

열린 마음으로
피드백을 받아들이자

*"피드백을 받는다는 건 성장의 거울을 마주하는 일이죠.
하지만 그 거울이 때로는 왜곡되어 있고,
때로는 너무 선명해서 보기 힘들 수 있습니다."*

피드백은 성장의 필수 요소입니다. 우리의 시야에는 항상 사각지대가 있기 때문에 외부의 관점은 자신을 더 완전하게 이해하는 데 필수적입니다. 효과적인 피드백은 우리가 보지 못하는 패턴을 드러내고, 잠재적인 개선 영역을 조명하며, 긍정적인 변화의 방향을 제시합니다.

하지만 같은 피드백이라도 누가, 어떻게, 언제, 어떤 맥락에서 전달하느냐에 따라 그 효과는 극적으로 달라질 수 있습니다. 그리고 우리의 자존감, 과거 경험, 현재 감정 상태, 피드백 제공자와의 관계에 깊이 영향을 받습니다.

피드백의 한 가지 도전은 그것이 주관적이라는 점입니다. 모든 피드백은 제공자의 렌즈를 통해 필터링되며 그들의 가치관, 편견, 기대, 자신의 미해결 문제를 반영합니다. 그래서 피드백은 때로 왜곡된 거울처럼 느껴질 수 있습니다. 그것이 보여주는 이미지가 실제 우리의 모습이 아니라 다른 사람의 인식에 기반한 해석일 수 있기 때문입니다.

반면 피드백이 정확하고 통찰력 있을 때에도 마주하기 어려울 수 있습니다. 자기 이미지와 충돌하는 진실, 인정하고 싶지 않은 패턴 또는 변화가 필요하지만 변화하기 어려운 영역에 관한 것일 때 우리는 종종 방어적이 되거나 아예 피드백 자체를 거부하고 싶은 충동을 느낍니다.

피드백의 양면성을 탐색하기 위해서는 균형 잡힌 접근이 필요합니다. 한편으로는 모든 피드백을 무비판적으로 수용하는 것이 아니라 비판적 사고를 통해 그것의 타당성과 유용성을 평가할 필요가 있습니다. "이 피드백이 나에게 정말 적용되는가?", "이것이 내가 발전하고자 하는 방향과 일치하는가?", "이 피드백 뒤에 어떤 의도나 편견이 있을 수 있는가?"와 같은 질문들이 도움이 될 수 있습니다.

다른 한편으로는, 자신의 방어 메커니즘을 인식하고 잠시 내려놓을 수 있는 용기가 필요합니다. 불편한 진실에도 열린 마음을 유지하고, 즉각적인 반응보다는 숙고의 시간을 가지며, 피드백을 개인적인 공격이 아닌 학습의 기회로 바라보는 태도가 중요합니다.

피드백을 효과적으로 받아들이는 또 다른 전략은 다양한 대상에게 의견을 구하는 것입니다. 단일 관점에 너무 의존하기보다 여러 사람의 피드백을 종합하면 더 균형 잡히고 정확한 그림을 얻을 수 있습니다. 또한, 피드백을 구체적인 행동이나 결과에 초점을 맞추도록 유도하면, 모호하거나 성격에 관한 피드백보다 더 유용한 정보를 얻을 수 있습니다.

궁극적으로, 피드백의 양면성을 탐색하는 능력은 평생 개발해야 할 기술입니다. 그것은 겸손과 자신감, 개방성과 분별력, 수용과 비판적 사고 사이의 미묘한 균형을 필요로 합니다. 이런 균형을 찾을 때 우리는 피드백의 진정한 가치, 더 깊은 자기 인식과 지속적인 성장을 위한 그 잠재력을 온전히 실현할 수 있게 될 것입니다.

🌱 오늘의 계단 쌓기

누군가에게 피드백을 받았다면, 즉시 반박하거나 해명하기 전에 "생각해볼 시간을 주셔서 감사합니다"라고 말하고, 그 내용을 소화할 시간을 가져보세요.

완벽주의라는
함정에 빠지지 않는 법

"완벽을 추구한다는 건
때로는 아무것도 시작하지 못하게 만드는 덫이죠.
혹시 시작조차 하지 못하고
머릿속에서만 완성되는 프로젝트들로 가득 차 있지는 않습니까?"

완벽주의는 겉으로는 미덕처럼 보입니다. "나는 그저 높은 기준을 가지고 있을 뿐이야", "최선을 다하고 싶을 뿐이야", "디테일에 신경 쓰는 건 좋은 거 아니야?" 이런 말들은 완벽주의의 덫에 빠진 사람들이 흔히 하는 자기 합리화입니다.

완벽주의가 성취와 생산성의 적이라는 것을 보여주는 심리학 연구도 있습니다. 하지만 완벽주의는 자기 의심, 지연, 과도한 스트레스, 실제 성과의 감소로 이어집니다. 가장 큰 아이러니는 완벽을 추구하는 것이 아무것도 성취하지 못하게 만든다는 점입니다.

이런 현상의 핵심에는 '시작의 마비'가 있습니다. 완벽주의자들은 첫 시도부터 완벽해야 한다는 비현실적인 기대를 가집니다. 이러한 생각이 압박감이 되어 시작 자체를 극도로 어렵게 만드는 것입니다. 많은 아이디어와 프로젝트가 실행 단계에 도달하기도 전에 흐지부지되는 이유입니다.

설사 시작하더라도 '과도한 숙고'의 형태로 완벽주의가 나타나기도 합니다. 끊임없는 수정, 검토, 개선의 순환은 프로젝트가 실제로 완료되는 것을 방해합니다. "아직 준비가 안 됐어", "조금 더 다듬어야 해"라는 생각이 프로젝트를 영원히 '거의 완성된' 상태로 남겨둡니다.

또 다른 완벽주의의 함정은 '전부 아니면 전무' 사고방식입니다. 모든 것이 완벽하게 실행되지 않으면, 차라리 아무것도 하지 않는 것이 낫다는 생각이죠. 이런 흑백 논리는 점진적 발전, 실험, 실패로부터의 학습과 같은 자연스러운 성장 과정을 방해합니다.

완벽주의는 또한 우리의 창의성을 제한합니다. 너무 빨리 자기 검열을 하게 만들고, 위험을 감수하거나 새로운 방식을 시도하는 것을 두렵게 만들기 때문입니다. 가장 혁신적인 아이디어와 작품들은 불완전함을 수용하고, 실험과 실패를 통해 배우며, 과정 자체를 즐기는 마음가짐에서 비롯됩니다.

완벽주의의 함정에서 벗어나기 위한 첫 번째 단계는, 그것이 성장을 가로막는 걸림돌이자 실패에 대한 두려움이 만들어낸 방패임을 알아차리는 것입니다. 완벽주의는 깊은 자기 불확실성, 거절에 대한 두려움 또는 가치가 성취에 달려 있다는 믿음에서 시작되기 때문입니다.

두 번째 단계는 보다 건강한 대안을 개발하는 것입니다. 완벽함 대신 '충분히 좋음(good enough)'의 개념을 받아들이고, 결과물이 아닌 과정과 배움에 초점을 맞추며, '작게 시작하고 자주 실패하기'를 연습하는 것이 도움이 될 수 있습니다.

또한, 완성을 향한 구체적인 단계를 설정하고, 마감 시간을 정하며, '완벽하게 계획하는' 시간을 제한하는 등의 실용적인 전략을 적용할 수 있습니다. 창의적인 전문가들은 '초안부터 시작하기', '편집은 나중에 하기'와 같은 방식으로 완벽주의의 함정을 피합니다. 이 책을 저술하는 과정도 마찬가지입니다. 흔히들 '초고는 쓰레기'라고 말하곤 하지요. 그 쓰레기 같은 초고가 먼저 있어야 합니다. 이후 퇴고의 과정을 거치고, 어루만

지고 다듬다 보면 어느 순간 보물로 탈바꿈하곤 한답니다.

　마지막으로, 자신의 작업에 대한 관점을 바꾸는 것이 도움이 될 수 있습니다. 당신의 프로젝트가 고정된 기념물이 아닌 지속적인 여정의 한 지점이라고 생각해보세요. 모든 작업은 다음 작업의 밑거름이 되며, 진정한 성장은 한 번의 완벽한 성취가 아닌 불완전하지만 계속되는 노력의 누적에서 온다는 것을 반드시 기억하세요.

🌱 오늘의 계단 쌓기

　하루 동안 적어도 한 번은 의도적으로 '완벽하지 않은' 행동을 해보세요. 미완성 아이디어 공유하기, 초안 그대로 이메일 보내기, 완벽하게 준비되지 않은 상태로 대화 시작하기 등 평소라면 꺼릴 만한 작은 '불완전함'을 실험해보세요. 완벽하게 준비될 때까지 일을 미루고 있다면, "완성이 완벽보다 낫다"는 말을 떠올리며 딱 20%만이라도 먼저 끝내보세요.

멘토와의 만남을 통해
자신만의 길로 나아간다

"멘토를 만난다는 건

내가 가려는 길을 이미 걸어본 발자국을 따라가는 안도감이죠.

하지만 결국 그 길에서도

나만의 걸음걸이를 찾아야 한다는 것을 깨닫는 과정이지요."

멘토를 만나는 순간은 삶의 여정에 특별한 이정표가 됩니다. 마치 어두운 숲속에서 길을 찾던 중 불빛을 발견하는 것과 같은 안도감을 줍니다. 이미 그 길을 걸어본 사람의 지혜는 단순한 조언 이상의 가치를 지니며 우리에게 나침반이 되어줍니다.

멘토링의 가장 매력적인 점은 그 '가능성의 증명'입니다. 우리가 도달하고자 하는 곳에 이미 누군가가 서 있다는 사실은 그 여정이 불가능하지 않다는 강력한 증거가 됩니다. 추상적인 목표가 구체적인 인물을 통해 현실이 되는 것이죠. "그가 할 수 있었다면, 나도 할 수 있다"는 믿음은 어떤 이론적 격려보다 강력합니다.

그러나 멘토의 발자국을 따라가는 과정에서 우리는 중요한 역설을 마주합니다. 진정한 멘토는 우리가 그들을 그대로 모방하길 원하지 않습니다. 오히려 그들은 우리가 자신만의 길을 찾기를 바랍니다. 어깨 위에 올려놓아 더 멀리 볼 수 있게 해주는 거인과 같이, 좋은 멘토는 우리가 그들보다 더 멀리 가기를 진심으로 원합니다.

이 과정에서 우리는 점점 깨닫습니다. 멘토의 지혜를 받아들이되, 맹목적으로 따르지 않는 균형이 필요하다는 것을 말입니다. 그들의 경험은 소중한 가이드라인이지만 시대와 상황, 개인적 성향의 차이를 고려해야 합니다. 때로는 멘토의 조언과 반대되는 선택을 해야 할 때도 있습니다. 그것이 오히려 그들이 가르쳐준 독립적 사고의 증거일 수 있습니다.

멘토와의 진정한 만남은 단순한 정보 전달을 넘어, 서로의 인간성이 교차하는 순간입니다. 우리는 그들의 지식뿐만 아니라 실패의 이야기, 불확실성과의 싸움 그리고 그 과정에서 형성된 통찰을 배웁니다. 가장 가치 있는 멘토링은 완벽한 성공의 청사진이 아니라 실패를 통해 배우고 다시 일어서는 회복력의 본보기입니다.

결국 멘토와의 여정은 의존에서 독립으로, 모방에서 창조로, 추종자에서 동료로 발전하는 과정입니다. 진정한 멘토는 언젠가 우리가 그들의 손을 놓고 자신만의 길을 걸어가는 순간을 기쁘게 지켜봅니다. 그리고 그때 우리는 깨닫습니다. 그들이 남긴 발자국을 따라가는 동안 우리는 이미 나만의 걸음걸이를 만들어가고 있었다는 것을 말이지요.

🌱 오늘의 계단 쌓기

주변에 멘토가 없다면, 당신이 존경하는 인물이 쓴 책을 읽거나 인터뷰를 찾아보세요. 책을 통한 간접적인 멘토링도 충분히 강력한 지침이 될 수 있습니다. 또한 인터뷰 읽기는 만남과 책과는 또 다른 영감을 얻을 수 있는 통로가 되어준답니다.

타인과의 공명은
더 넓은 세계를 열어준다

"함께 성장한다는 건

혼자가 아닌 서로의 불빛으로 더 밝은 공간을 만드는 일이죠.

경쟁보다 공명이 주는 깊은 울림을 발견하는

관계의 변화를 경험해야 합니다."

우리는 어린 시절부터 "1등만이 기억된다", "승자가 모든 것을 가져간다"는 메시지에 노출되며 성장합니다. 이런 관점에서 타인에 대해 나의 성공을 위협하는 경쟁자로 인식합니다.

삶이 깊어질수록 우리는 놀라운 진실을 발견합니다. 진정한 성장과 충만함은 홀로 얻을 수 없다는 것을. 현의 진동이 다른 현을 울리게 하는 '공명' 현상처럼 인간 또한 서로의 존재와 에너지에 반응하고 영향을 주고받습니다.

이러한 공명은 여러 형태로 나타납니다. 깊은 대화 속에서 서로의 생각이 맞물려 더 큰 통찰로 발전할 때 공동의 목표를 향해 각자의 재능을 보완적으로 발휘할 때 또, 단순히 서로의 성장을 진심으로 축하하고 지지할 때 경험할 수 있습니다.

타인과의 공명이 특별한 이유는 그것이 제로섬 게임의 논리를 초월하기 때문입니다. 한 사람의 성장이 다른 사람의 가능성을 제한하는 것이 아니라 오히려 확장시킵니다. 하나의 촛불로 다른 양초에 불을 붙여도 자신의 빛이 줄어들지 않는 것처럼 지식과 영감, 격려는 나눌수록 더 풍성해집니다.

이러한 관계의 변화는 종종 인생의 전환점에서 일어납니다. 우리가 경쟁의 한계를 경험하고, 혼자만의 성취에 공허함을 느낄 때 또는 깊은 위기에서 타인의 지지가 얼마나 중요한지 깨달을 때 우리는 공명의 가치를 이해하기 시작합니다.

공명의 관계에서는 취약함을 보이는 것이 연결의 기회가 됩니다. 완벽한 모습만을 보여주려는 시도는 오히려 진정한 공명을 방해합니다. 우리의 불완전함, 도전, 성장 과정을 서로 나눌 때 가장 깊은 수준의 공감과 지지가 가능해집니다.

타인과의 공명은 단순히 동의하거나 비슷해지는 것이 아닙니다. 오히려 다양성 속에서 조화를 찾는 과정입니다. 마치 오케스트라에서 각기 다른 악기들이 고유한 소리를 내면서도 함께 아름다운 화음을 만들어내는 것처럼 우리의 다른 관점과 경험, 강점이 서로를 보완하며 더 풍부한 전체를 형성합니다.

결국 타인과의 공명을 통한 성장은 우리에게 더 넓은 세계를 열어줍니다. 홀로 빛날 때는 단지 한 지점만 밝힐 수 있지만 여러 불빛이 모이면 훨씬 더 넓은 공간을 비출 수 있습니다. 그리고 그 밝혀진 공간에서 우리는 혼자였다면 결코 보지 못했을 가능성과 아름다움을 발견할 수 있습니다.

오늘의 계단 쌓기

오늘 대화할 때 상대방의 마지막 말을 따라 하며 "그러니까 ~라고 느끼셨군요"라고 확인해주는 연습을 해보세요. 제대로 듣고 있다는 표현은 관계의 질을 높입니다.

6장

마음의 저항을 이겨내고
이루는 삶을 사는 것

순리를 받아들이고 토양을 가꾸는
농부의 지혜를 배운다

"영감을 기다린다는 건
메마른 땅에 비를 기다리는 농부의 심정이죠.
언제 올지 모르는 그 순간을 위해
밭을 가꾸는 느낌이라고나 할까요?"

창작자들에게 영감은 생명의 물과 같습니다. 그것이 흐를 때는 모든 것이 가능해 보이고, 생각과 아이디어가 자연스럽게 솟아나며, 창작의 과정이 춤을 추는 것처럼 즐겁고 자연스럽게 느껴집니다. 하지만 영감이 말라버렸을 때 그 메마름은 거의 육체적인 고통으로 다가옵니다.

영감의 본질적 특성은 예측 불가능성에 있습니다. 그것은 마치 야생 동물처럼 우리가 가장 열심히 찾을 때 오히려 모습을 감추고, 전혀 예상치 못한 순간에 불쑥 나타납니다. 때로는 샤워 중에, 때로는 산책 중에, 때로는 잠에서 깨어나는 그 아득한 순간에 찾아옵니다. 그리고 우리가 그것을 붙잡으려 할수록 물 위에 그림자를 잡으려는 것처럼 더 빠르게 사라집니다.

이런 불확실성 때문에 창작자들은 두 가지 극단적 접근 사이에서 갈등합니다. 한편으로는 영감이 찾아오기만을 수동적으로 기다리는 태도가 있습니다. "뮤즈가 찾아오면 그때 일할 거야"라는 접근법이죠. 다른 한편으로는 영감의 존재 자체를 부정하고 순전히 규율과 노력으로 창작하려는 시도가 있습니다. "영감 같은 건 없어. 그저 책상에 앉아 일하는 것뿐이야"라는 관점입니다.

지혜로운 창작자들은 이 두 극단 사이의 균형을 찾습니다. 그들은 농부의 지혜를 체화합니다. 농부는 비를 내리게 할 수는 없지만 비가 왔을 때 그것을 받아들일 수 있도록 땅을 준비합니다. 씨앗을 심고, 잡초를 제거하고, 토양을 비옥하게 만듭니다. 비가 오지 않는 건기에도 포기하지 않고 꾸준히 밭을 가꿉니다.

마찬가지로, 창작자는 영감을 직접 불러올 수는 없지만 그것이 찾아왔을 때 최대한 활용할 수 있는 조건을 만듭니다. 규칙적인 창작 습관을 통해 기술을 연마하고, 다양한 경험과 지식으로 정신적 토양을 비옥하게 하며, 영감의 씨앗이 될 수 있는 관찰과 질문들을 수집합니다.

또한 영감의 기다림에는 특별한 종류의 인내가 필요합니다. 단순히 시간이 지나기를 기다리는 수동적 인내가 아니라 깨어 있는 기다림, 열려 있는 기다림입니다. 언제든 영감이 찾아올 수 있다는 가능성에 마음을 열고, 일상의 순간들 속에서 평범하지 않은 것을 발견할 수 있는 감수성을 유지하는 것입니다.

영감의 가뭄이 길어질 때조차 진정한 창작자는 그 기다림 자체에서 의미를 찾습니다. 메마른 시기는 단순한 빈 공간이 아니라 내면이 재정비되고 더 깊은 갈망이 형성되는 필수적인 과정일 수 있습니다. 가장 위대한 창작물 중 일부는 바로 이런 건조한 시기를 인내하고 극복한 후에 탄생했습니다.

결국 영감을 기다리는 과정은 창작의 본질에 대한 깊은 이해로 이어집니다. 그것은 우리가 통제할 수 있는 것과 아닌 것의 경계를 인식하고, 그 경계에서 겸손하게 일하는 법을 배우는 여정입니다. 그리고 때때로 가장 오랜 가뭄 끝에 찾아오는 영감의 비는 그 기다림을 모두 보상하고도 남을 만큼 풍성하게 내립니다.

🌱 오늘의 계단 쌓기

아이디어가 떠오르지 않아 답답하다면, 하던 일을 멈추고 산책이나 샤워처럼 다른 신체 활동을 해보세요. 영감은 긴장을 풀었을 때 찾아오기 쉽습니다.

과정을 사랑하는 법을
배우는 것

"결과만 바라보는 세상에서 매일의 작은 성장을 음미하는 것,

과정을 사랑하는 법을 배워야 합니다.

하지만 그 과정이 보이지 않을 때 느끼는 공허함은

결코 무시할 수 없습니다."

우리는 결과를 숭배하는 문화 속에 살고 있습니다. 화려한 성공 스토리, 극적인 변화, 인상적인 결과물만이 주목받는 세상이죠. 성공한 사업가, 완성된 작품, 완벽한 성취… 이런 것들이 우리의 관심을 끌고 축하받습니다. 그러나 이런 결과들 뒤에 숨어 있는 수천 시간의 노력, 좌절, 시행착오와 같은 점진적인 성장의 순간들은 무시됩니다.

과정을 사랑한다는 것은 이러한 문화적 강박에 저항하는

혁명적인 행위입니다. 그것은 매일의 작은 행동들과 미세한 진전, 반복되는 연습과 실험을 통해 느리게 축적되는 지혜와 기술에 가치를 부여하는 것입니다. 이는 마치 화려한 꽃만이 아니라 흙 속에서 천천히 뿌리를 내리고 줄기를 뻗어가는 과정의 경이로움을 인식하는 것과 같습니다.

과정을 사랑하는 법을 배우면 삶의 관점이 근본적으로 변화합니다. 목적지만을 바라보며 그곳에 도달할 때까지 현재를 유예하는 대신 여정의 매 순간이 그 자체로 의미 있고 풍요로워집니다. 등산을 할 때 정상에 오르는 것만이 아니라 오르는 과정에서 마주하는 경치, 느끼는 감각, 극복하는 도전들이 모두 경험의 일부가 되는 것처럼요.

그러나 과정을 사랑하는 것이 항상 쉬운 일은 아닙니다. 특히 그 과정이 더디게 느껴지거나 가시적인 진전이 보이지 않을 때 또는 예상치 못한 장애물과 좌절에 직면할 때 우리는 종종 공허함과 의심에 사로잡힙니다.

이런 순간들은 필연적인 과정입니다. 마치 구름이 태양을 가리는 날들이 있듯이, 과정의 가치와 의미가 일시적으로 흐려지는 시기가 있습니다. 이때 필요한 것은 과정에 대한 맹목적인 낙관주의가 아니라 불확실성을 인정하면서도 자신이 선택한 경로에 대한 깊은 신뢰를 유지하는 균형입니다.

과정을 사랑하는 법을 배우는 것은 또한 성공과 실패에 대한 우리의 정의를 재고하게 합니다. 결과만을 성공의 척도로 삼는 관점에서는 목표 달성 여부만이 중요합니다. 하지만 과정 중심의 관점에서는 배움, 성장, 발견 그리고 자기 이해의 깊이가 더 중요한 성공의 지표가 됩니다. 이런 시각에서는 겉보기에 실패한 프로젝트조차도 그 과정에서 얻은 통찰과 경험으로 인해 가치 있는 것이 될 수 있습니다.

결국 과정의 아름다움을 진정으로 이해하는 것은 삶의 본질에 대한 깊은 통찰로 이어집니다. 삶 자체가 하나의 과정이며, 우리가 '얼마나 성취했는가'보다 '어떻게 살아왔는가', '어떤 사람이 되었는가'가 더 중요하다는 깨달음으로 나아가게 됩니다. 그리고 아이러니하게도, 과정을 진정으로 사랑하고 존중할 때 가장 의미 있고 지속 가능한 결과가 자연스럽게, 마치 익은 과일이 나무에서 떨어지듯 찾아옵니다.

🌱 오늘의 계단 쌓기

장기 프로젝트에 지쳤다면, 시작부터 지금까지의 진행 과정을 사진이나 기록을 통해 한번 돌아보세요. 당신이 얼마나 더 성장했는지 확인하는 것은 큰 동기 부여가 됩니다.

불확실한 미래를 대하는
유연성을 기른다

✦

"미래를 위한 준비, 어떤 미래가 올지 모르는데도
그것을 위해 현재를 투자하는 도박 같은 느낌이죠.
세상이 너무 빠르게 변해 내 준비가 쓸모없어질지도 모른다는
불안 속에서 말입니다."

인간의 독특한 능력 중 하나는 미래를 상상하고 그것을 위해 준비하는 것입니다. 우리는 아직 오지 않은 시간을 위해 현재의 시간과 자원을 기꺼이 투자합니다. 학위를 따기 위해 수년을 공부하고, 은퇴를 위해 저축하며, 아직 존재하지 않는 기회를 위해 기술을 연마합니다. 이런 미래 지향적 사고는 인류 문명의 기반이 되었지만 동시에 깊은 불안의 원천이 되기도 합니다.

오늘날 세계는 그 어느 때보다 빠르게 변화하고 있습니다. 기술의 발전, 사회적 규범의 변화, 기후 위기, 지정학적 불안정성 등이 우리의 미래를 예측하기 어렵게 만듭니다. 10년 전만 해도 상상하지 못했던 직업들이 생겨나고, 안정적이던 산업들이 몰락하며, 우리가 당연시했던 가정들이 계속해서 도전받고 있습니다.

이런 환경에서 미래를 위한 준비는 마치 안개 속에서 길을 찾는 것과 같습니다. 우리는 어느 방향이 옳은지, 어떤 준비가 가치 있을지, 우리의 노력이 결국 보상받을지 확신할 수 없습니다. 이런 불확실성은 "내가 지금 배우는 기술이 10년 후에도 관련성이 있을까?", "이 분야에 투자하는 것이 현명한 선택일까?", "내 준비의 방향이 잘못된 것은 아닐까?"와 같은 의문으로 표현됩니다.

미래의 불확실성에 대처하는 가장 흔한 전략 중 하나는 더 많이, 더 열심히 준비하는 것입니다. 더 많은 학위, 더 많은 자격증, 더 다양한 기술을 습득함으로써 어떤 미래가 와도 대비하려는 시도입니다. 이런 접근법은 일정 수준의 안전망을 제공할 수 있지만 동시에 끝없는 준비의 루프에 빠지게 만들어 현재의 삶을 충분히 살지 못하게 할 위험도 있습니다.

또 다른 접근법은 '미래를 준비하는 최선의 방법은 현재에 충실하는 것'이라는 역설적 지혜를 받아들이는 것입니다. 즉, 구체적인 결과나 미래의 보상에 지나치게 집착하기보다 현재의 과정에서 의미와 가치를 찾는 방향으로 초점을 전환하는 것입니다. 이런 관점에서는 학습이나 성장, 창조가 그 자체로 외부적 보상과는 별개로 가치 있는 것이 됩니다.

불확실한 미래를 마주하는 또 다른 지혜는 '강인함'보다 '유연함'을 개발하는 것입니다. 고정된 계획과 좁은 전문성보다는 변화에 적응하고, 새로운 정보를 통합하며, 다양한 상황에서 번창할 수 있는 능력이 더 중요해지고 있습니다. 이는 특정 기술보다 생각하는 능력, 메타 기술을 개발하는 데 초점을 맞추는 것을 의미합니다.

미래의 불확실성을 다루는 마지막 요소는 '통제할 수 있는 것'과 '통제할 수 없는 것'을 구분하는 역사의 지혜를 적용하는 것입니다. 세계의 변화 속도, 기술의 발전 방향, 사회적 트렌드 등은 우리의 통제 범위 밖에 있습니다. 그러나 우리의 가치, 우리가 개발하기로 선택한 능력, 우리가 맺는 관계 그리고 어려움 속에서도 의미를 찾는 능력은 여전히 우리의 영역에 있습니다.

결국 미래의 불확실성 속에서 길을 찾는 것은 완전한 확신이나 완벽한 준비의 문제가 아닙니다. 그것은 오히려 불완전한 정보 속에서도 움직일 수 있는 용기, 계획이 틀어졌을 때 적응할 수 있는 유연성 그리고 어떤 미래가 오더라도 그 안에서 의미와 목적을 찾을 수 있다는 근본적인 신뢰의 문제입니다.

🌱 오늘의 계단 쌓기

미래에 대한 불안감이 크다면, 오늘 하루는 당신이 계획하고 통제할 수 있는 작은 일 한 가지에만 온전히 집중해보세요. 현재에 집중하는 것이 불안을 다루는 가장 좋은 방법입니다.

직관을 믿고
논리로 점검한다

"직관을 믿는다는 건
논리적 판단을 넘어서는 어떤 앎을 인정하는 일이죠.
하지만 진짜 직관인지, 단지 두려움의 목소리인지
구분하기 어려운 순간들로 가득하지요."

직관, 그 이름조차 신비롭게 들리는 이 능력은 설명하기 어려운 '알아차림', '느낌', 또는 '내면의 목소리'로 경험됩니다. 그것은 분석적 사고나 명시적 추론 없이도 무언가를 '그냥 아는' 상태입니다. 직관은 순간적으로 작동하여 수년간의 경험과 학습을 압축된 통찰로 전달하며, 우리가 의식적으로 인식하지 못한 패턴과 단서들에 반응합니다.

현대 사회는 오랫동안 이성과 논리를 신성시하며 직관을

부차적이거나 심지어 비합리적인 것으로 간주해왔습니다.

"데이터에 근거하라", "감정을 배제하라", "객관적으로 분석하라"는 조언들이 전문적 맥락에서 지배적이었죠. 그러나 최근 연구들은 직관이 단순한 미신이나 감정적 반응이 아닌 인간 인지의 강력하고 정교한 측면임을 보여주고 있습니다.

직관은 복잡하고 불확실한 상황에서 특히 가치를 발휘합니다. 데이터가 불완전하거나, 시간이 제한적이거나, 고려해야 할 변수가 너무 많을 때 분석적 사고보다 효과적인 길잡이가 될 수 있습니다.

노련한 의사가 복잡한 증상 뒤에 숨은 질병을 직감적으로 '느끼는' 것, 경험 많은 투자자가 특정 기회의 잠재력을 본능적으로 '아는' 것, 숙련된 예술가가 작품의 '완성', 더 이상 손댈 필요가 없음이 느껴지는 순간을 인식하는 것, 이 모든 것이 직관의 발현입니다.

그러나 직관을 신뢰하는 데 있어서 핵심적인 도전은, 진정한 직관과 그것을 모방하는 다른 내면의 목소리들을 구분하는 것입니다. 두려움, 욕망, 편견, 과거의 트라우마 등은 종종 직관의 가면을 쓰고 나타납니다. "이 사람을 조심해야 해"라는 내면의 경고가 진정한 위험 신호인지, 아니면 단지 과거의 상처에서 비롯된 방어 메커니즘인지 어떻게 알 수 있을까요?

이런 혼란을 헤쳐 나가기 위해 실천가들은 '직관의 질감'에 주목할 것을 제안합니다. 진정한 직관은 고요하고, 명확하며, 비판단적인 특성을 가집니다. 그것은 강요하지 않고 제안하며, 외치기보다는 속삭입니다. 반면 두려움이나 욕망에서 비롯된 목소리는 더 긴급하고, 강박적이며, 정서적으로 더 격앙된 경향이 있습니다.

직관을 개발하고 신뢰하는 능력은 하룻밤 사이에 얻어지는 것이 아닙니다. 그것은 자기 관찰, 경험을 통한 검증, 그리고 내면의 목소리들에 대한 점진적인 친숙함을 통해 길러집니다. 기도와 명상, 자연 속에서의 시간, 예술적 표현, 몸의 느낌에 대한 주의 깊은 관찰 등의 경험은 직관적 능력을 향상시키는 데 도움이 될 수 있습니다.

하지만 직관이 항상 '옳은' 것은 아닙니다. 때로는 우리를 오해로 이끌 수도 있습니다. 이러한 오류조차 귀중한 학습 기회가 될 수 있으며, 시간이 지남에 따라 우리의 직관적 나침반을 더욱 정확하게 조정하는 데 기여합니다.

따라서 직관을 믿는다는 것은 인간 경험의 풍요로움과 복잡성을 인정하는 것입니다. 논리와 분석이 중요하지 않다는 의미가 아니라 그것들만으로는 충분하지 않다는 인식입니다. 가장 지혜로운 결정과 가장 충만한 삶은 직관의 심층적 지혜와 이성의 명확한 빛, 이 두 가지를 모두 존중하고 조화시킬 때 이루어진다는 사실을 잊지 말아야 합니다.

오늘의 계단 쌓기

중요한 결정을 앞두고 논리적인 분석 외에 당신의 직감은 어떤지 스스로에게 물어보세요. 때로는 데이터가 말해주지 않는 것을 직관이 알려주기도 합니다. 논리만이 아닌, 직관만이 아닌, 논리와 직관의 균형 이룸, 어려운 일이지만 중요한 과제입니다.

익숙한 패턴에서 벗어날 때
새로운 가능성이 보인다

"익숙한 패턴,

변화를 원하면서도 계속해서 같은 실수를 반복하게 만드는

편안함의 유혹이죠.

알면서도 빠져나오지 못하는 답답함일 수도 있습니다."

우리의 일상과 인생의 많은 부분은 패턴에 의해 지배됩니다. 사고방식, 감정적 반응, 행동 습관, 관계 역학 등 다양한 형태에서 패턴이 나타납니다. 마치 강물이 계속해서 같은 방향으로 흐르며 점점 더 깊은 강바닥을 형성하는 것처럼 반복을 통해 강화됩니다.

익숙한 패턴의 가장 큰 유혹은 그 편안함에 있습니다. 비록 해롭거나 제한적일지라도, 익숙한 것은 안전하게 느껴집니

다. 우리의 뇌는 에너지를 보존하고 예측 가능성을 선호하도록 진화했기 때문에 익숙한 패턴은 일종의 '기본 설정'이 됩니다. 새로운 것은 불확실성과 실패의 위험을 내포하며, 더 많은 인지적 노력을 요구합니다.

이런 생물학적, 심리적 현실이 우리를 역설적인 상황에 놓이게 합니다. 더 나은 결과를 원하면서도 같은 행동을 반복하는 것입니다. 자동 조종 장치가 켜져 있는 것처럼 자신도 모르게 오래된 패턴으로 돌아가곤 합니다.

특히 관계에서 패턴의 함정이 강력하게 작용합니다. 우리는 같은 유형의 친구를 반복해서 선택하며 살아갑니다. 같은 종류의 갈등을 경험하며, 같은 방식의 해결책을 시도합니다. 마치 무의식적으로 익숙한 대본을 따라 연기하는 것처럼, 새로운 관계에서도 오래된 역학이 반복됩니다. 직업과 경력에서도 비슷한 패턴이 나타납니다. 새로운 직장에서도 같은 문제가 반복되고, 다른 분야로 전환해도 같은 불만족이 따라옵니다.

패턴에서 벗어나지 못하는 답답함은 특히 우리가 그것을 인식하고 있을 때 더욱 강렬해집니다. 우리는 자신이 반복해서 겪고 있는 패턴의 함정을 볼 수 있으면서도, 그것에서 빠져

나오지 못하는 이중의 좌절감을 경험합니다. "내가 또 이러고 있구나", "왜 난 항상 이런 실수를 반복할까?"라는 생각이 들 때의 그 무력감과 자책감이 익숙한 패턴의 순환을 더욱 강화합니다.

익숙한 패턴의 유혹에서 벗어나기 위해서는 어떻게 해야 할까요? 첫 번째 단계는 인식입니다. 우리의 반복되는 사고, 감정, 행동을 주의 깊게 관찰하고, 그 패턴이 언제, 어떻게 발현되는지 파악하는 것입니다. 이런 자기 관찰은 비판단적이고 호기심 어린 태도로 이루어질 때 가장 효과적입니다.

두 번째 단계는 패턴의 기원과 목적을 이해하는 것입니다. 과거에 패턴은 생존이나 적응을 위한 메커니즘이었습니다. 어떤 패턴이 어떤 필요를 충족시키려 했는지 그리고 그것이 현재에도 여전히 유효한지를 탐구하는 것은 변화의 중요한 지점입니다.

세 번째는 의도적인 실험과 연습을 통해 새로운 패턴을 구축하는 것입니다. 작은 변화로 시작하여 점진적으로 확장해 나가는 접근법이 가장 효과적입니다.

익숙함의 유혹을 극복하는 여정은 결코 쉽지 않지만 그것은 가장 근본적인 자유, 무의식적 조건화에서 벗어나 더 의식적이고 주체적으로 삶을 살 수 있는 자유를 향한 여정이기도 합니다. 간혹 오래된 패턴의 사슬, 익숙함에서 벗어나 새로운 가능성의 영역으로 한 걸음 나아갈 때의 그 활기와 해방감은 그 모든 노력을 더욱 값지게 만듭니다.

🌱 오늘의 계단 쌓기

익숙한 패턴 하나를 의도적으로 바꿔보세요. 일상에서 오랫동안 같은 방식으로 해온 활동 하나를 골라 오늘 완전히 다르게 실행해보세요. 패턴을 바꾸는 과정에서 경험하는 불편함, 저항, 이점 등을 관찰하고, 이런 의도적인 변화가 인식과 신선한 경험에 어떤 영향을 미치는지 느껴보세요.

배울수록
더 높아지는 기준과의 동행

"전문가가 된다는 건 끝없이 높아지는 벽을 마주하는 일이죠.

더 많이 배울수록 더 높아지는 기준,

그 압박감과 함께하는 여정입니다."

어떤 분야에서 전문성을 쌓아가는 여정을 흔히 산을 오르는 것에 비유합니다. 멀리서 보면 정상이 선명하게 보이고, 그곳에 도달하는 경로도 비교적 명확해 보입니다. 그러나 실제로 등반을 시작하면, 우리가 생각했던 정상은 단지 더 높은 봉우리를 가리고 있던 작은 고지였음을 깨닫게 됩니다. 오를수록 더 넓은 전망이 펼쳐지고, 동시에 아직 정복하지 못한 더 높은 고지들이 시야에 들어옵니다.

전문성이 발달하는 초기에는 학습 곡선이 가파릅니다. 기본적인 기술과 지식을 습득하면서, 우리는 눈에 띄는 향상을 경험하고 성취감을 느낍니다. 이 단계에서는 '무지의 무지'에서 '무지의 인식'으로 이동하면서, 배워야 할 것이 많다는 사실에 압도될 수 있지만 동시에 명확한 방향성과 목표가 있어 동기 부여가 됩니다.

중급 수준에 도달하면, 성장이 정체되거나 매우 느려지는 것처럼 보이는 '고원 현상'을 경험하기 시작합니다. 진전이 더 느려지고, 같은 양의 노력에도 불구하고 개선이 미미하게 느껴집니다. 여기서 많은 사람이 도전을 그치게 되는데, 계속해서 전문성을 추구하는 이들은 곧 더 복잡한 도전에 직면합니다.

고급 단계로 진입하면서, 전문성의 진정한 역설이 드러납니다. 더 많이 알고 더 깊이 이해할수록, 자신이 얼마나 모르는지에 대한 인식이 더욱 선명해집니다. 초보자는 단순한 해답과 명확한 규칙을 기대하지만 전문가는 모든 규칙에 예외가 있고, 모든 원칙이 맥락에 따라 달라진다는 것을 깨닫습니다. 이것이 바로 '더 많이 배울수록 더 높아지는 기준'의 본질입니다.

이 단계에서 많은 사람이 '가면 증후군(imposter syndrome)'을 경험합니다. 외부에서는 전문가로 인정받더라도, 내면적으로는 자신의 지식과 능력에 대한 깊은 의심을 느끼는 것입니다. 역설적으로, 이런 자기 의심은 진정한 전문성의 표시입니다. 소크라테스가 "내가 아는 것이라곤 내가 아무것도 모른다는 사실뿐이다"라고 말한 것처럼, 자신의 한계를 인식하는 것은 지혜의 시작입니다.

전문성의 또 다른 도전은 개인적인 기준과 기대의 상승입니다. 초보자는 기본적인 성취에도 기뻐할 수 있지만 전문가는 훨씬 더 높은 기준을 자신에게 부과합니다. 다른 사람들은 칭찬하는 작업이라도 자신에게는 부족하게 느껴지고, 작은 실수나 불완전함이 크게 확대되어 보입니다.

전문성의 여정에서 이런 역설과 도전을 헤쳐 나가기 위해서는 몇 가지 마음가짐의 전환이 필요합니다. 첫째, 도달해야 할 고정된 지점이 아니라 계속되는 탐구와 성장의 과정으로 보는 것입니다. 둘째, 완벽함보다는 지속적인 개선에 초점을 맞추는 것입니다. 작은 진전을 인정하고 축하하며, 실패를 배움의 기회로 받아들이는 태도가 중요합니다.

결국 전문성의 벽을 마주하는 것은 부담스러운 도전이면서도 동시에 깊은 성취감과 의미의 원천이 될 수 있습니다. 그것은 우리를 더 높은 수준의 이해와 숙련도로 이끌 뿐만 아니라 지식의 본질과 우리 자신의 가능성에 대한 더 깊은 통찰로 인도합니다.

🌱 오늘의 계단 쌓기

자신의 실력이 부족하게만 느껴진다면, 1년 전의 당신이라면 해결하기 어려웠을 문제를 지금은 쉽게 해결하고 있는 사례를 한 가지 찾아보세요. 인식하지 못했던 성장이 분명히 있을 겁니다. 종종 성장은 뒤돌아볼 때 확인됩니다.

작은 변화들이 만드는 깨달음의 순간

"깨달음을 기다린다는 건 큰 변화를 기대하는 마음이죠.
하지만 대부분의 변화는 눈에 띄지 않게
조용히 찾아오는 법이죠."

    우리는 영화와 책에서 묘사되는 극적인 깨달음의 순간을 기대합니다. 마치 구름으로 뒤덮인 하늘에서 한 줄기 햇살이 내리쬐듯 일시에 모든 것이 명확해지고 인생의 방향이 완전히 바뀌는 그런 순간을 말이죠. 이런 기대는 많은 영적, 지적 전통에서 이야기하는 '각성', '깨달음', '유레카 순간'의 이야기들로 더욱 강화됩니다.

    그러나 실제 삶에서 대부분의 변화와 성장은 매우 다른 방식으로 일어납니다. 극적인 폭발이 아니라 거의 눈에 띄지 않는 점진적인 변화의 누적이라 할 수 있습니다. 시곗바늘의 움직임처럼 너무 미세해서 순간순간 감지할 수 없지만 시간이 지나면 분명한 변화를 만들어내는 그런 과정입니다.

눈에 띄지 않는다는 이유로 변화의 본질은 실망과 좌절의 원인이 됩니다. 명상을 하면서 심오한 통찰을 기대하지만 평범한 경험을 마주하듯이, 새로운 기술을 배울 때도 급격한 향상을 기대하지만 실제로는 좌절스러울 정도로 느린 진전을 경험합니다.

깨달음의 부재에 대한 좌절은 자기 의심과 포기로 이어질 수 있습니다. 노력을 계속해야 할 이유를 찾기 어려워집니다.

그러나 진정한 깨달음은 우리가 그것을 인식하지 못하는 사이에 조용히 일어납니다. 그것은 숲속의 한 그루 나무가 자라는 것처럼 매일매일 감지할 수 없지만 몇 년 후에는 분명히 달라져 있는 그런 과정입니다. 가끔은 뒤돌아보거나 다른 사람의 관점을 통해서야 비로소 얼마나 변화했는지 깨닫게 됩니다.

사실 대부분의 진정한 변화는 '문턱 경험'을 통해 일어납니다. 점진적 변화가 임계점에 도달하여 질적인 전환이 일어나는 순간을 말합니다. 우리가 깨달음의 순간이라고 인식하는 것은 사실 그 이전에 수많은 작은 변화들이 누적된 결과인 경우가 많습니다.

깨달음의 부재를 마주하는 지혜로운 접근법은 과정 자체에 의미를 부여하는 것입니다. 목적지에 대한 집착을 내려놓고, 여정의 매 순간이 그 자체로 가치 있다는 것을 인식하는 것이죠.

🌱 오늘의 계단 쌓기

변화가 없는 것 같아 무기력하다면, 6개월 전 일기나 메모를 다시 읽어보세요. 당시의 고민과 지금의 고민을 비교해보면, 당신이 얼마나 성장했는지 알 수 있습니다.

마음의 저항을 이겨내야
성장을 이룬다

"저항을 느낀다는 건 변화를 원하면서도 동시에 거부하는

내면의 목소리와 싸우는 일이죠.

앞으로 나아가려 할 때마다

뒤로 당기는 무언가를 느끼는 순간과 마주해야 하지요."

우리는 자신이 원하는 것이 무엇인지 명확히 알고 있다고 생각합니다. 더 건강해지고 싶고, 새로운 기술을 배우고 싶고, 관계를 개선하고 싶습니다. 그러나 이런 변화를 향해 움직이려 할 때 내면에서부터 강력한 저항의 힘을 경험합니다.

저항은 다양한 형태로 나타납니다. 게으름이나 지연행동으로, 자기 회의나 불안으로, 주의 산만으로 표현됩니다. 피로, 두통과 같은 신체적 증상으로 나타나기도 합니다. 어떤 형태로 나타나든 저항의 핵심 메시지는 동일합니다.

"지금 하지 마."
"너는 준비가 안 됐어."
"이건 너무 위험해."

이런 저항은 우리가 가장 원하는 변화, 우리에게 가장 중요한 성장을 향해 움직일 때 가장 강하게 나타납니다. 작가 스티븐 프레스필드는 "저항의 강도는 그 일이 당신에게 얼마나 중요한지에 비례한다"며 이를 '저항의 법칙'이라고 말합니다.

마음의 저항이 발생하는 이유는 무엇일까요? 가장 근본적인 수준에서 볼 때 저항은 변화에 대한 두려움과 불확실성에서 비롯됩니다. 우리의 뇌는 생존을 위해 안전과 예측 가능성을 추구하도록 진화했으며, 변화는 잠재적인 위험 신호로 해석됩니다. 익숙한 것은 안전하다고 느껴지고, 새로운 것은 불안을 유발합니다.

더 깊은 차원에서 저항은 정체성 보호의 메커니즘입니다. 변화할 때 우리는 단순히 행동만 바꾸는 것이 아니라 자신에 대한 이미지와 이야기도 재구성해야 합니다. 이것은 심오한 불안을 유발할 수 있습니다.

"만약 내가 변한다면, 나는 여전히 '나'일까?"

마음의 저항을 이해하는 데 중요한 통찰은, 그것이 우리의 적이 아니라 일종의 보호자라는 점입니다. 저항은 우리를 위험으로부터 보호하려는 심리적 메커니즘이지만 과도하면 성장과 변화까지 막아버립니다.

저항과 건설적으로 작업하기 위한 첫 번째 단계는 그것을 인식하고 이름 붙이는 것입니다. 저항은 종종 위장된 채로 나타나기 때문에 그것을 식별하는 것만으로도 이미 그 힘을 약화시키는 효과가 있습니다.

저항을 느끼는 것은 실제로 올바른 방향으로 나아가고 있다는 신호일 수 있습니다. 저항이 가장 강할 때 그것은 우리가 가장 성장할 수 있는 경계에 있다는 의미입니다.

🌱 오늘의 계단 쌓기

새로운 도전을 앞두고 저항감이 느껴진다면, 그 도전의 가장 작고 쉬운 첫 단계가 무엇일지 생각하고 그것만 오늘 실행해보세요. 큰 저항감은 작은 성공으로 극복할 수 있습니다.

매일의 작은 승리가
인생의 변화를 만든다

> "소소한 성취, 큰 목표를 향해 가는 길에
> 작은 이정표들이 필요하다는 걸 깨닫는 순간이죠.
> 하지만 그 작은 승리들이 너무 사소해 보여
> 스스로 축하하지 못하는 상황도 펼쳐집니다."

인생의 가장 중요한 목표들은 하룻밤 만에 이룰 수 없습니다. 건강한 신체, 믿고 의지할 수 있는 관계, 의미 있는 커리어, 마음의 평화. 이런 것들은 모두 수많은 작은 선택과 일상적인 행동들이 천천히 쌓여 만들어지는 것들입니다.

심리학자 칼 융은 "위대한 것들은 작은 것들의 오랜 합계에서 비롯된다"고 말했습니다. 이 통찰은 '작은 승리' 전략의 핵심이기도 합니다. 복잡하고 장기적인 문제를 다룰 때 그것을 관리 가능한 작은 단계들로 나누는 접근법이죠. 각각의 작은 승리는 다음 단계를 위한 발판이 되고, 점차 모멘텀을 구축하며, 결국 의미 있는 변화로 이어집니다.

작은 승리의 가치는 단순히 최종 목표를 향한 진전에만 있지 않습니다. 그것들은 그 자체로 심리적, 감정적, 실질적 이점을 제공합니다. 매일 작은 성취를 이루면서 자기 효능감을 강화하고 긍정적인 감정 상태를 촉진합니다.

그러나 많은 사람이 이런 작은 승리를 충분히 인정하거나 축하하지 못합니다. 대단한 일이 아니라고 여기거나 큰 목표에 비하면 미미하다고 생각합니다. 다른 사람들이 이룬 성공과 비교했을 때 자신이 이룬 작은 승리는 무의미하다고 치부해 버리기도 합니다.

작은 승리를 더 잘 인식하고 축하하기 위해서는 진전을 시각화하는 것이 먼저입니다. 중간 평가하는 시스템을 만들고, 의도적으로 작은 성취를 기념하는 습관을 들이는 것이 도움이 됩니다.

소소한 성취의 가치를 진정으로 이해하는 것은 삶의 관점을 바꿀 수 있습니다. 목적지만 바라보는 대신 여정의 매 순간에 의미와 기쁨을 발견할 수 있습니다.

🌱 오늘의 계단 쌓기

잠들기 전 오늘 스스로 칭찬해주고 싶은 소소한 일 한 가지를 찾아 기록해보세요. 작은 성공을 축하하는 습관이 자존감을 단단하게 만듭니다.

때로는 자신에게
실망할 수 있다

"내가 생각했던 모습과 지금의 내 모습 사이에서
간극을 마주할 때가 있습니다.
'이쯤이면 더 나아졌을 텐데'라는 생각이 드는 시간.
기대와 실망 어느 즈음이지요."

우리는 모두 자신이 어떤 사람이 될지, 어떤 성취를 이룰지, 인생이 어떤 방향으로 흘러갈지에 대한 기대를 품고 살아갑니다. 이런 기대는 영감과 방향성을 제공하지만 동시에 현실과 충돌할 때 깊은 혼란과 실망의 원천이 되기도 합니다.

기대와 현실 사이의 괴리는 다양한 형태로 나타납니다. "이 나이에는 안정된 직업, 행복한 결혼생활, 내 집을 갖고 있을 줄 알았는데"라는 생각에 사로잡히거나 "3년간 노력하면 전문가 수준에 도달할 줄 알았는데, 아직도 기초에서 헤매고 있다"는 좌절감을 경험합니다.

이런 괴리가 특히 고통스러운 이유는 그것이 단순한 외부적 실망을 넘어, 정체성과 자기 가치에 대한 의문으로 이어지기 때문입니다. 우리는 기대했던 자아와 현재의 자아 사이의 간극을 메우기 위해 자신을 비판하고, 심지어 자책하기도 합니다.

"뭔가 잘못된 걸까?"
"노력이 부족한 걸까?"

기대와 현실의 괴리를 더욱 복잡하게 만드는 것은 현대 사회의 왜곡된 성공과 성장에 대한 이미지입니다. 소셜 미디어는 다른 사람들의 눈부신 성취와 완벽해 보이는 삶을 끊임없이 보여주며, 영화와 책은 종종 실제로는 수년에 걸쳐 일어나는 성장과 변화의 과정을 단 몇 장면으로 압축합니다. 이런 괴리에 대처하는 한 가지 접근법은 우리의 기대 자체를 재검토하는 것입니다.

"그것들은 어디서 왔나요?"

"그것들은 진정으로 우리의 가치와 열망을 반영하나요?"

"아니면 외부에서 부과된 기준에 기반하나요?"

"우리가 설정한 타임라인은 합리적인가요?"

또 다른 중요한 측면은 진보와 성공의 정의를 확장하는 것입니다. 우리는 성취의 가시적 지표에만 초점을 맞추지만 내면의 힘, 회복력, 지혜, 관계의 깊이, 자기 이해와 같은 측면들도 중요합니다.

기대와 현실 사이의 괴리를 마주하는 것은 인생의 필연적인 부분입니다. 불변하고 고통스럽지만 이런 순간들에 어떻게 반응하느냐가 우리의 장기적인 성장과 행복을 형성합니다.

🌱 오늘의 계단 쌓기

기대했던 모습과 달라 실망스럽다면, 지금의 현실에서 예상치 못하게 얻은 긍정적인 것은 무엇인지 한 가지 찾아보세요. 모든 계획의 변경에는 뜻밖의 선물이 있을 수 있습니다.

우리를 만드는
장소와 사람들

"환경을 바꾼다는 건
내 안의 변화보다 때로는 더 큰 영향을 미치는 일이죠.
같은 씨앗도 다른 땅에 심으면 다르게 자라는 것처럼,
내가 있는 곳이 나를 만드는 중요한 요인이지요."

우리는 흔히 자신을 독립적이고 내면의 힘과 의지로 삶을 조각해 나가는 자율적 존재로 여깁니다. 특히 서구 문화에서는 자기 결정, 개인적 노력, 정신력을 강조하는 경향이 있습니다. "네 마음만 먹으면 뭐든 할 수 있어"라는 메시지가 자기 계발 문화의 중심을 이룹니다.

그러나 이런 관점은 중요한 진실을 간과합니다. 우리 또한 환경의 산물이기도 하다는 사실을 말입니다. 환경심리학, 사회학, 행동경제학의 연구들은 우리의 생각, 감정, 행동, 심지어 정체성까지도 우리를 둘러싼 환경에 깊이 영향받는다는 것을 보여줍니다.

이 환경적 영향은 다양한 차원에서 작용합니다. 물리적 환경은 우리의 기분, 에너지 수준, 창의성, 그리고 의사결정에 영향을 미칩니다. 자연이 풍부한 환경에서 시간을 보내는 것은 스트레스를 줄이고 집중력을 향상시키는 반면 소음이 많고 혼잡한 환경은 인지적 자원을 고갈시킬 수 있습니다.

사회적 환경 또한 강력한 영향력을 행사합니다. '당신은 당신이 가장 많은 시간을 보내는 다섯 사람의 평균'이라는 말은 과학적 근거가 있는 정의입니다. 행복, 체중, 흡연, 심지어 외로움까지도 사회적 네트워크를 통해 '전염'될 수 있다는 연구 결과가 있습니다.

제도적, 문화적 환경 또한 우리의 가능성과 선택지를 형성합니다. 어떤 행동은 특정 환경에서 쉽고, 다른 환경에서는 거의 불가능합니다. 예를 들어, 운동이 일상생활에 통합된 지역사회에서는 활동적인 생활방식을 유지하기가 훨씬 쉽습니다.

환경이 우리에게 미치는 영향의 대부분은 의식적인 인식

아래에서 일어납니다. 마치 물고기가 물을 인식하지 못하는 것처럼, 우리도 자신을 형성하는 환경적 요소들을 쉽게 간과합니다.

환경의 힘을 인식함으로써, 우리는 그것을 의도적으로 활용하여 원하는 변화를 지원할 수 있습니다. 건강한 습관을 형성하고자 한다면, 의지력에만 의존하기보다 환경을 재구성하는 것이 훨씬 효과적입니다.

환경의 힘에 대한 이해는 자기 비난의 순환에서 벗어나는 데도 도움이 됩니다. 우리가 원하는 변화를 이루지 못할 때 의지력 부족을 탓하지만 실패의 원인은 지원하지 않는 환경에 있을 수 있습니다.

🌱 오늘의 계단 쌓기

의지력이 부족하다고 느낀다면, 당신을 방해하는 환경 요소를 하나 제거해보세요. 집중해야 한다면 스마트폰을 다른 방에 두는 것처럼, 환경을 바꾸는 것이 더 효과적일 수 있습니다.

언제나 가장 중요한 가치를
잃지 말아야 한다

"도구에 의존한다는 건
편리함의 대가로 가끔은 본질을 놓치게 되는 일이죠.
수단이 목적이 되어버리는 그 미묘한 전환점을 경계하는
의식적 노력이 필요합니다."

인류의 역사는 도구의 발전과 함께 써 내려왔다고 해도 과언이 아닙니다. 석기 도구부터 디지털 기술, 인공지능에 이르기까지 우리는 삶을 더 쉽고 효율적으로 만드는 도구들을 개발해왔습니다. 이런 기술적 진보는 우리의 능력을 확장하고 이전에는 불가능했던 일들을 가능하게 만들었습니다.

하지만 모든 도구와 기술에는 양면성이 있습니다. 우리에게 힘을 부여하는 동시에 미묘한 방식으로 우리의 경험, 능력

그리고 사고방식까지 변형시킵니다. 기술의 함정은 우리가 이런 영향을 인식하지 못한 채 도구가 우리의 목적과 가치로부터 멀어지게 하도록 허용할 때 발생합니다.

가장 근본적인 수준에서 기술의 함정은 수단이 목적이 되는 현상으로 나타납니다. 우리는 특정한 목표나 가치를 달성하기 위해 도구를 채택하지만 시간이 지남에 따라 도구 자체가 초점이 되고, 원래의 목적은 흐려집니다. 예를 들어, 소셜 미디어는 연결과 커뮤니케이션을 위한 도구로 활용됐지만 이제는 많은 사람에게 '좋아요'와 팔로워 수를 최대화하는 것이 주된 목표가 되었습니다.

또 다른 함정은 의식적 참여의 상실입니다. 기술은 우리의 인식과 의사결정 과정에서 더 많은 부분을 대체하고 있습니다. 자동화된 내비게이션 시스템은 우리가 길을 찾는 데 도움을 주지만 동시에 공간적 인식 능력을 약화시킬 수 있습니다.

디지털 기술의 시대에 특히 두드러지는 또 다른 함정은 끊임없는 방해와 분산의 순환입니다. 스마트폰과 소셜 미디어는 연결과 정보에 대한 지속적인 접근을 제공하지만 동시에 깊은 사고와 장시간의 집중, 실제 현실과의 온전한 교류를 방해합니다.

게다가 기술은 효율성, 속도, 양적 측정 가능성, 통제를 선호하는 경향이 있습니다. 그 자체로 문제는 아니나 우리가 이것들을 유일하거나 가장 중요한 가치로 받아들일 때 우리 삶은 불균형해질 수 있습니다.

기술의 함정을 피하기 위해서는 도구와 기술을 채택하기 전에 그것이 어떤 목적에 기여하는지 명확히 하고, '로우텍(low-tech)' 활동, 첨단 기술이나 복잡한 전자 기기에 크게 의존하지 않는 활동의 가치를 인식하는 것이 중요합니다.

궁극적으로 기술의 함정을 인식하고 피하는 것은 수동적인 소비자에서 의식적인 사용자로 전환하는 것에 관한 문제입니다. 이는 기술을 거부하는 것이 아니라 그것을 우리의 삶, 관계에서 적절한 위치에 두는 것을 의미합니다.

🌱 오늘의 계단 쌓기

꼭 필요하지 않은데도 습관적으로 사용하는 앱이 있다면, 오늘 하루 그 앱을 눈에 잘 띄지 않는 폴더로 옮겨두세요. 접근을 조금만 불편하게 만들어도 사용 시간을 줄일 수 있습니다.

에필로그

오늘, 당신의 계단을 쌓기 시작하는 날

이 책의 마지막 페이지에 도달한 지금, 당신은 어쩌면 복잡한 감정들을 느끼고 있을지도 모릅니다. 영감과 의욕이 샘솟는 한편, 어디서부터 시작해야 할지 막막함을 느낄 수도 있습니다. 이런 감정들은 모두 자연스럽습니다. 변화의 문턱에 선 사람이라면 누구나 경험하는 것들이니까요. 우리는 50개의 테마를 통해 인생의 다양한 측면들을 살펴보았습니다. 균형의 어려움, 선택의 기로, 시간의 투자, 직관의 신뢰. 이 모든 주제는 결국 하나의 메시지로 수렴됩니다. 삶은 결과보다 과정에 있으며, 보이지 않는 일상의 작은 선택들이 결국 우리의 인생을 형성한다는 것입니다.

그렇다면 이제 무엇을 할 것인가? 큰 변화를 위한 계획을 세우고 싶은 마음이 들 수 있습니다. 하지만 진정한 변화는 대개 거창한 선언문에서 시작되지 않습니다. 그것은 오늘, 지금 이 순간 당신이 내리는 작은 결정에서 시작됩니다.

매일 15분 일찍 일어나 자신만의 시간을 갖는 것일 수 있습니다. 오래 미뤄둔 전화 한 통을 용기 내어 거는 것, 또는 익숙한 패턴을 한 가지 깨뜨리는 작은 실험일 수도 있습니다. 중요한 것은 하는 일의 크기가 아니라 시작했다는 사실입니다. 변화는 쉽지 않을 것입니다. 마음에 저항이 찾아오고, 익숙한 패턴이 당신을 다시 원점으로 돌려놓으려 할 것입니다. 그럴 때마다 기억하세요. 어떤 계단도 한 번에 다 오를 수 없으며, 가장 견고한 건물도 한 번에 한 벽돌씩 쌓아 올린 것임을.

때로는 영감이 사라지고 지루함이 찾아올 것입니다. 그때는 과정 자체에서 아름다움을 찾아보세요. 완벽한 결과를 기대하기보다 오늘 한 걸음 더 나아간 자신에게 작은 축하를 건네는 여유를 가져보세요. 그리고 기억하세요, 아무도 박수 치지 않는 순간에도 당신은 성장하고 있다는 것을.

우리의 여정은 여기서 끝나지 않습니다. 사실은 이제 막 시작되었습니다. 이 책의 페이지를 덮는 순간이 새로운 이야기

가 시작되는 순간입니다. 당신만의 계단을 한 층 한 층 쌓아 올리는 여정이 때로는 외롭고 지칠지라도, 그 과정 자체가 이미 충분히 아름답고 의미 있다는 것을 잊지 마세요.

오늘, 지금 이 순간부터 당신의 계단을 쌓기 시작하세요. 미래의 어느 날, 뒤돌아봤을 때 그 높이에 스스로도 놀라게 될 것입니다. 그리고 그때 당신은 깨닫게 될 것입니다. 진정한 변화는 정상에 오르는 순간이 아니라 그곳에 오르기 위해 매일 한 걸음씩 내딛는 용기 속에 있었다는 것을.

당신의 여정에 축복이 함께하기를 바랍니다.

삶이 흔들릴 때 비로소 보이는 것들

초판 발행	2025년 8월 25일
지은이	장대은
펴낸곳	다른상상
등록번호	제399-2018-000014호
전화	02)3661-5964
팩스	02)6008-5964
전자우편	darunsangsang@naver.com
ISBN	979-11-93808-35-1 03190

잘못된 책은 바꿔 드립니다.
책값은 뒤표지에 있습니다.

독자 여러분의 책에 관한 아이디어나 원고 투고를 설레는 마음으로 기다리고 있습니다.
이메일로 간단한 개요와 취지, 연락처를 보내주세요. 독자님과 함께하겠습니다.